BUON APPETITO

Die vegetarische Küche Italiens

Rita Boini

BUON APPETITO

Die vegetarische Küche Italiens

Mit Illustrationen von Lucia Obi

Übersetzung und deutsche Bearbeitung
von Susanne Bunzel

edition spangenberg
bei Droemer

Besuchen Sie uns im Internet:
www.droemer-knaur.de

Die Folie des Schutzumschlags sowie die Einschweißfolie sind PE-Folien und biologisch abbaubar.
Dieses Buch wurde auf chlor- und säurefreiem Papier gedruckt.

Umschlaggestaltung: Agentur ZERO, München
Umschlagillustrationen: Lucia Obi
Satz: Ventura Publisher im Verlag
Druck und Bindung: Franz Spiegel Buch GmbH, Ulm
Printed in Germany
ISBN 3-426-27117-6

5 4 3 2 1

Inhalt

Ortaggi a Frutta
FRUCHTGEMÜSE

Peperoni – Paprika

Die Heimat der Paprikapflanze ist vermutlich das tropische Amerika. Infolge der starken Verbreitung von Paprika und den verwandten Chillies in Afrika und Südostasien wird bisweilen jedoch auch angenommen, die Pflanzen könnten dort heimisch sein. Nach Europa gelangte Paprika erstmals Anfang des 16. Jahrhunderts, heute wird er in allen warmen Klimazonen kultiviert und als Gemüse und Speisenwürze geschätzt. In der Tat schaffte Paprika den Sprung auf den Speisezettel recht schnell, während andere Früchte aus der Neuen Welt wie Tomaten oder Kartoffeln zunächst höchst mißtrauisch beäugt wurden.
Frische Paprikaschoten zeichnen sich durch einen lebhaften Farbton, festes Fruchtfleisch und straffe, glänzende Haut aus. Länger gelagerte Schoten geben auf Fingerdruck nach, haben runzlige Haut mit Schadstellen.

Vorbereitung: Paprikaschoten gründlich waschen, von den Stielansätzen befreien und halbieren, dann die Kerne und weißen Membranen entfernen.
Wenn Sie die Paprikaschoten ganz verwenden wollen, den Stielansatz herausschneiden und mit einem kleinen Messer Kernhaus und Membranen aus dem Innern herauslösen; dabei aufpassen, daß die Schote nicht beschädigt wird.
Zum Häuten die Paprikaschoten über einer offenen Gasflamme rösten, bis die Haut bräunt und Blasen wirft. Sie können die Schoten auch auf ein mit Backtrennpapier ausgelegtes Blech legen und unter den Grillschlangen oder im 200 Grad heißen Backofen braten, bis die Schoten Blasen werfen. Dabei einmal wenden. Dann in eine Schüssel legen und 15 Minuten zugedeckt nachdämpfen lassen. Danach die Haut mit einem Messer abziehen; hartnäckige Stellen abschaben. Kerne und Membranen entfernen.

Peperoni ripieni di pasta
Paprika mit Pastafüllung

Zutaten für 4 Personen:
4 Paprikaschoten, 300 g reife, aber schnittfeste Tomaten, 50 g Kapern, 5 EL Olivenöl, 2 Knoblauchzehen, fein gehackt, 100 g schwarze Oliven ohne Stein, Salz und Pfeffer, 300 g dünne Fadennudeln (Linguine, Vermicelli)

Paprika waschen und abtrocknen, dann wie oben beschrieben rösten und häuten. Dadurch werden die Paprikaschoten bekömmlicher, verlieren aber etwas von ihrer Standfestigkeit, sobald sie gefüllt werden. Sie können die Schoten deshalb auch mit der Haut verwenden.

Die vorbereiteten Paprikaschoten längs halbieren und entkernen.

Die Tomaten 30 Sekunden in kochendes Wasser tauchen, dann häuten, entkernen und fein würfeln.

Die Kapern abspülen und abtropfen lassen.

3 Eßlöffel Olivenöl in einer Pfanne erhitzen. Die Knoblauchzehen sanft darin andünsten. Tomaten, Kapern und Oliven hinzufügen. Salzen und pfeffern und auf kleiner Flamme zugedeckt 15–20 Minuten köcheln lassen.

In der Zwischenzeit die Pasta in reichlich Salzwasser halb bißfest garen. Abgießen und mit der Tomatensauce vermischen. Die Pasta asciutta nun auf die Paprikahälften verteilen.

Backofen auf 180 Grad vorheizen. Eine ofenfeste Form mit Öl auspinseln. Die gefüllten Paprikaschiffchen in die Form setzen, mit etwas Olivenöl benetzen und im heißen Rohr rund 30 Minuten überbacken.

Variation: Sie können die Paprikaschiffchen mit etwas geriebenem Parmesan bestreuen und überbacken, bis der Käse eine goldbraune Kruste gebildet hat.

Lagane alla maniera di Reggio Calabria
Lagane in Paprika-Zucchini-Sauce

Die breiten Teigstreifen namens Lagane sind praktisch die Urform aller heutigen Nudeln. Bereits im antiken Rom verarbeitete man Mehl und Wasser zu Teigflecken, die Laganum hießen und als Einlage in deftigen Suppen und Eintöpfen gegessen wurden. Diese Teigwaren gelangten ursprünglich von Griechenland in die Kolonie Magna Graecia in Süditalien, wo sie auch heute noch fester Bestandteil der Regionalküche sind.

Zutaten für 4 Personen:
200 g Paprikaschoten, 200 g Zucchini, 300 g reife Eiertomaten, gehackt, 1 Zwiebel, fein gehackt, 2 Knoblauchzehen, fein gehackt, 4 EL Olivenöl, 1 Prise getrockneter Oregano, Salz und Pfeffer, 400 g Lagane, 4 EL geriebener Pecorino

Paprika wie in der Einleitung beschrieben rösten und häuten. Die Schoten putzen und in feine Streifen schneiden. Zucchini waschen und in feine Scheiben schneiden. Tomatenstückchen abtropfen lassen.
Zwiebel und Knoblauch in Olivenöl anschwitzen. Paprikastreifen und Zucchini hinzufügen und 5 Minuten andünsten. Die Tomaten und den Oregano einrühren, salzen und pfeffern. Zum Kochen bringen und auf kleiner Flamme knapp 30 Minuten schmurgeln lassen.
Lagane al dente garen, abgießen und mit der Gemüsesauce anrichten. Mit Pecorino bestreuen und zu Tisch bringen.

Anmerkung: Wenn Sie keine Lagane bekommen, Lasagneblätter brechen oder sehr breite Bandnudeln wie Pappardelle in fingerlange Stücke teilen.

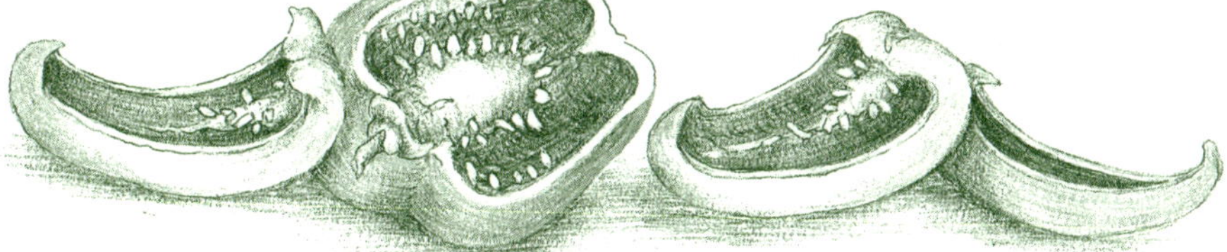

Riso ai peperoni
Paprikarisotto

Zutaten für 4 Personen:
2 Paprikaschoten, 2 Gemüsezwiebeln, in dünne Ringe gehobelt, 2 EL Butter, 1 EL Olivenöl, 7–8 Basilikumblätter, fein gehackt, 1 Bund Petersilie, fein gehackt, 1 Knoblauchzehe, Salz und Pfeffer, 400 g Risottoreis (z. B. Arborio), 4 EL geriebener Parmesan

Die Paprikaschoten wie beschrieben rösten und häuten, dann in schmale Streifen schneiden.
In der Zwischenzeit die Zwiebeln mit je einem Eßlöffel Butter und Öl weichdünsten, aber nicht bräunen.
Sobald die Zwiebeln weich sind, Paprika, gehackte Kräuter (etwas zum Garnieren zurückbehalten) und Knoblauch hinzufügen. Salzen, pfeffern und 5–10 Minuten dünsten.
Reis in reichlich Salzwasser rund 20 Minuten al dente garen. Über einem Sieb abgießen, kurz abtropfen lassen und in eine Servierschüssel füllen. Mit der restlichen Butter verfeinern, das Paprikagemüse unterheben und den Parmesan einarbeiten. Auf Teller verteilen und mit frischen Kräutern bestreut servieren.

Salsa Ferrarese
Grüne Paprikasauce

Zutaten für 4 Personen:
600 g reife, aber schnittfeste Tomaten, 100 g Zwiebeln, in dünne Ringe gehobelt, 400 g grüne Paprikaschoten, in schmale Streifen geschnitten, Salz und Pfeffer, 50 ml Gemüse- oder Geflügelbrühe

Die Tomaten häuten, entkernen und fein würfeln. Zwiebeln und Paprikastreifen in einen Topf geben, salzen und auf kleiner Flamme 8–10 Minuten Saft ziehen lassen. Die Tomaten hinzufügen und etwa eine Stunde leise köcheln lassen. Nach Bedarf etwas Brühe hinzugießen, damit die Sauce nicht austrocknet.

Sobald die Sauce eine dicklich-sämige Konsistenz erreicht, mit Salz und Pfeffer abschmecken und vom Herd nehmen.

Anmerkung: Die Sauce wird warm zu Pasta, Risotto, Polenta oder zu Crostini serviert. Sie hält sich im Kühlschrank 4–5 Tage frisch. Vor dem Servieren dann mit etwas Olivenöl in einen Topf geben und sanft erwärmen.

Minestra di peperoni e patate
Sizilianische Kartoffelsuppe mit Paprikaschoten

Zutaten für 4 Personen:
400 g grüne Paprikaschoten, 400 g Kartoffeln, 1 Zwiebel, 4 EL Olivenöl, Salz und Pfeffer, 1–1 1/2 l Gemüsebrühe, 4 Scheiben Weißbrot, 4 EL geriebener Pecorino (nach Wunsch)

Paprika waschen und wie in der Einleitung beschrieben häuten und entkernen, dann in schmale Streifen schneiden. Kartoffeln schälen und würfeln. Die Zwiebel abziehen und sehr fein hacken. 3 Eßlöffel Öl in einem Topf erhitzen. Die Zwiebel darin glasig dünsten. Kartoffeln und Paprika hinzufügen und 2–3 Minuten unter Rühren mitdünsten. Salzen und pfeffern und mit der Brühe auffüllen. Zum Kochen bringen und ca. 20 Minuten auf kleiner Flamme simmern. Den Topf dabei einen Spaltbreit geöffnet lassen.
Die Weißbrotscheiben rösten, auf Suppenteller verteilen und mit dem restlichen Olivenöl beträufeln. Die Suppe abschmecken und heiß über die Brotscheiben gießen. Sofort servieren. Nach Wunsch geriebenen Pecorino dazu reichen.

Variation: Statt mit Pfeffer können Sie die Suppe auch mit einer scharfen getrockneten Pfefferschote (Peperoncino) oder mit Cayennepfeffer würzen. Den Peperoncino entweder ganz in der Suppe mitgaren und vor dem Servieren wieder herausfischen oder, wenn Sie gerne scharf essen, fein zerkrümeln und in die Suppe streuen.

Frittata ai peperoni
Paprikafrittata

Zutaten für 4 Personen:
3 Paprikaschoten, 6 EL Olivenöl, 1 Lorbeerblatt, 2 Knoblauchzehen, zerstoßen, Salz und Pfeffer, 200 g feinstieliger Mangold (ersatzweise Blattspinat), 8 Eier, 4 EL geriebener Parmesan, 2 EL Paniermehl

Paprikaschoten waschen, putzen und in gut zentimeterbreite Streifen schneiden. Mit 4 Eßlöffeln Olivenöl, Lorbeer und Knoblauch in einer Pfanne etwa 5 Minuten dünsten. Salzen und pfeffern. In eine Schüssel füllen und durchziehen lassen.
Inzwischen den Mangold verlesen und nur mit dem Wasser, das vom Waschen noch an den Blättern haftet, dünsten. Gut abtropfen lassen, mit den Händen ausdrücken und grob hacken.
Eier in einer Schüssel verquirlen. Paprika gründlich abtropfen lassen, das Lorbeerblatt entfernen. Paprika zusammen mit Mangold, Parmesan und Paniermehl in die Eimasse rühren und gut vermischen. Salzen und pfeffern.
Die Frittata nun nach der Beschreibung im Grundrezept goldbraun backen.

Peperoni arrostiti
Gebratene Paprikaschoten

Zutaten für 4 Personen:
4 Paprikaschoten, 10–12 Basilikumblätter, grob gehackt, 1 Knoblauchzehe, gehackt, 6 EL Olivenöl, 2 EL Zitronensaft, Salz und Pfeffer

Paprikaschoten waschen und wie eingangs beschrieben rösten, bis die Haut der Schoten bräunt und Blasen wirft. Paprikaschoten häuten, entkernen und in breite Streifen schneiden.
Basilikum und Knoblauch mit Olivenöl, Zitronensaft, Salz und Pfeffer verrühren. Die Paprikaschoten mit dieser Sauce überziehen und vor dem Servieren 15 Minuten ruhen lassen.

Torta salata di peperoni
Paprikakuchen

Für die Füllung:
1 Zwiebel, fein gehackt, 4 EL Olivenöl, 3 gelbe Paprikaschoten, in schmale Streifen geschnitten, 3 verquirlte Eier, 4 EL geriebener Parmesan, 125 g Ricotta, 1 Prise Oregano, Salz und Pfeffer, Paniermehl (nach Bedarf)

Für den Teig:
500 g Mehl, 4 EL Olivenöl

Für die Füllung die Zwiebel in 3 Eßlöffeln Öl andünsten, Paprikastreifen hinzufügen und auf kleiner Flamme 10 Minuten schmurgeln lassen. Vom Herd nehmen und erkalten lassen.
Inzwischen den Teig zubereiten. Das Mehl in eine Schüssel sieben und nach und nach mit Olivenöl und einer Prise Salz zu einem glatten Teig verkneten. Den Teig 5 Minuten mit beiden Händen durchkneten, dann in zwei ungleiche Hälften teilen und mit einem Küchentuch abdecken.
Das Paprikagemüse mit Eiern, Parmesan und Ricotta zu einer glatten Füllmasse verarbeiten. Mit Oregano, Salz und Pfeffer würzen.
Backofen auf 180 Grad vorheizen. Eine runde Kuchenform fetten und mit einem Hauch Mehl ausstreuen. Die größere Teighälfte ausrollen und damit Boden und Rand der Kuchenform auskleiden. Die Paprikamasse einfüllen und glattstreichen. Wenn die Füllung sehr naß wirkt, mit Paniermehl bestreuen, das die überschüssige Feuchtigkeit aufsaugt.
Die zweite Teighälfte ausrollen und damit das Gemüse abdecken. An den Rändern gut festdrücken. Den Teigdeckel mit einer Gabel mehrmals einstechen, damit der beim Backen entstehende Dampf entweichen kann. Im heißen Ofen ca. 50 Minuten goldbraun backen. Aus dem Ofen holen und vor dem Servieren etwas abkühlen lassen.

Pomodori – Tomaten

Tomaten gehören zu den Nachtschattengewächsen und stammen aus Lateinamerika. Im Zuge der Entdeckung der Neuen Welt gelangten sie nach Europa, wo sie lange Zeit nur als Zierpflanzen gezüchtet wurden. Erst seit dem frühen 19. Jahrhundert schätzt man die »Paradiesäpfel« auch in der Küche. Heute baut man im sonnenwarmen Klima Italiens zahlreiche verschiedene Sorten für bestimmte kulinarische Zwecke an: Eiertomaten (in Italien nimmt man besonders gern die Sorte San Marzano) besitzen ein günstiges Verhältnis von Fruchtfleisch zu Saft und werden daher bevorzugt für Pastasaucen verwendet. Die manchmal bis zu 800 Gramm schweren Fleischtomaten eignen sich hervorragend zum Füllen, während kleinere Sorten und die hübschen Cocktailtomaten in Salaten gut zur Geltung kommen. Inzwischen gibt es auch gelbe und orangefarbene Zuchtformen, die in Kombination mit roten Tomaten und Kräutern sehr attraktiv aussehen. Auch die unreifen, grünen Früchte kann man zum Kochen und Backen verwenden.

Vorbereitung: Stets die Stielansätze entfernen, weil sie giftiges Solanin enthalten. Wenn Sie Tomaten häuten wollen, etwa 30 Sekunden in kochendes Wasser tauchen, bis die Haut aufplatzt. Herausheben und die Haut mit einem Messer abziehen. Die Tomaten dann entkernen und je nach Rezept zurechtschneiden.

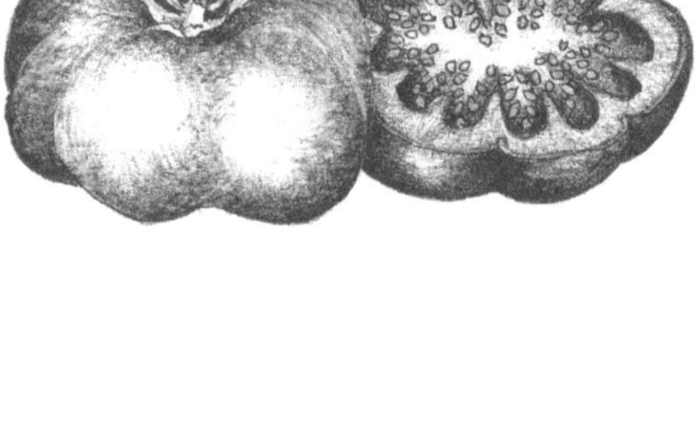

Salsa di pomodoro a freddo
Kalte Tomatensauce

Vor allem in den heißen Regionen Süditaliens macht man im Sommer die Pasta mit kalten Tomatensaucen an. Auf einem Grundrezept aus Tomaten, Olivenöl und Salz aufbauend läßt man die Phantasie spielen. Man reichert die Sauce beispielsweise mit frischen Kräutern an, die gerade im Gärtchen vor dem Haus wachsen, oder gibt ein paar kleine Mozzarellawürfel hinzu, die durch die heiße Pasta im Nu schmelzen. Variieren Sie selbst einmal ganz nach Ihrem persönlichen Geschmack.
Zur Anregung zeigen wir Ihnen hier zwei typische Rezepte aus Kampanien und Sizilien.

Kalte Tomatensauce aus Kampanien

Zutaten für 4 Personen:
600 g Eiertomaten, 1 Knoblauchzehe, fein gehackt, 15–20 Basilikumblätter, 1 kleines Bund Petersilie, fein gehackt, 1 TL frischer Oregano, 125 g Mozzarella, 2–3 EL Olivenöl, Salz und Pfeffer

Die Tomaten waschen und putzen und sehr fein würfeln. In eine Schüssel geben und mit der gehackten Knoblauchzehe vermischen. Die Basilikumblätter mit den Händen grob zerzupfen und unterheben. Petersilie und Oreganoblättchen dazugeben.
Nach Wunsch Mozzarella fein würfeln und untermischen. Mit Öl, Salz und Pfeffer würzen und gut durchmischen. Abdecken und etwa 2 Stunden durchziehen lassen.
Die Sauce mit heißen, al dente gekochten Spaghetti anrichten.

Sizilianische Tomatensauce

Zutaten für 4 Personen:
6 Tomaten, 4 Knoblauchzehen, fein gehackt, 1 kleines Bund Petersilie, fein gehackt, 1 scharfe rote Pfefferschote, zerstoßen, 1 Selleriestengel, fein gewürfelt (nach Wunsch), 4 EL Olivenöl, Salz

Tomaten waschen, putzen und fein würfeln. In eine Schüssel geben und mit Knoblauch, Petersilie und Pfefferschote vermischen. Nach Wunsch den Sellerie unterheben. Mit Olivenöl und Salz anmachen und 2 Stunden durchziehen lassen.
Die Sauce mit heißer, al dente gekochter Pasta (hierzu schmecken sowohl lange als auch kurze Nudeln) anrichten.

Bagnet ross
Tomatensauce

Diese Sauce ist ein Klassiker der piemontesischen Küche. Man kann sie zu Gemüsen und Hülsenfrüchten servieren, Crostini damit anrichten, aber auch zu salzigen Kuchen und gebratener Polenta bildet sie eine interessante Beilage.

Zutaten:
1 kg vollreife Eiertomaten, 1 rote und 1 gelbe Paprikaschote, 1 Zwiebel, 1 scharfe rote Chilischote, 50 g Zucker, 50 ml Rotweinessig, 1 Zimtstange, 1 Gewürznelke, 1 Prise frisch geriebener Muskat, Salz

Das Gemüse waschen, putzen und fein hacken. In einen Topf geben und zuckern. Zum Kochen bringen, dann auf kleinster Stufe 2–3 Stunden ganz leise zu einer dicklichen Sauce einkochen.
Diese Sauce durch ein Sieb passieren und mit Essig und den Gewürzen verfeinern. Wieder in den Topf zurückgießen und ein wenig einkochen lassen.

Zuppa con il pomodoro
Ligurische Tomatensuppe

Zutaten für 4 Personen:
1 Zwiebel, grob gehackt, 1 Mohrrübe, gewürfelt, 1 Selleriestengel, gewürfelt, 8–10 Basilikumblätter, gehackt, 1 kleines Bund Petersilie, gehackt, 2 EL Olivenöl, 1 1/2 l Gemüsebrühe oder Wasser, 600 g vollreife Tomaten, einige altbackene Weißbrotscheiben, Salz und Pfeffer, 2 EL Butter

Das gehackte Gemüse und die Kräuter rund 5 Minuten in Olivenöl andünsten, dann mit Brühe oder Wasser auffüllen. Zum Kochen bringen und auf kleiner Flamme 15 Minuten durchköcheln. Inzwischen die Tomaten putzen und fein hacken. In die Suppe geben und etwa 20 Minuten simmern lassen. In der Zwischenzeit die Brotscheiben rösten.
Die Tomatensuppe pürieren und wieder zum Kochen bringen. Dabei kräftig mit Salz und Pfeffer abschmecken und mit der Butter verfeinern. Die gerösteten Brotscheiben auf Suppenteller verteilen und mit Tomatensuppe übergießen.

Pappa con il pomodoro
Toskanische Tomatensuppe

Zutaten für 4 Personen:
1 kg vollreife Fleischtomaten, 50 ml Olivenöl, 1 Zwiebel, fein gehackt, 2 Knoblauchzehen, fein gehackt, 8–10 Basilikumblätter, fein gehackt, 400 g altbackenes Weißbrot in Scheiben, 1 1/2 l Gemüsebrühe oder Wasser, Salz und Pfeffer

Die Tomaten wie in der Einleitung beschrieben putzen und häuten, dann entkernen und fein würfeln.
Das Olivenöl in einem Suppentopf sanft erwärmen und Zwiebel, Knoblauch und Basilikum auf kleiner Flamme darin andünsten.
Die Tomatenwürfel hinzufügen und etwa 30 Minuten leise schmurgeln lassen.
Brotscheiben und Brühe oder Wasser hinzufügen und zum Kochen bringen. Köcheln lassen, bis sich das Brot aufzulösen beginnt. Mit Salz und Pfeffer herzhaft abschmecken und servieren.

Spaghetti alla sorrentina
Spaghetti nach der Art von Sorrent

Zutaten für 4 Personen:
600 g Eiertomaten, 2 Knoblauchzehen, zerstoßen, 8 EL Olivenöl, Salz, 1 kleines Bund Petersilie, fein gehackt, 12–15 Basilikumblätter, grob gehackt, 400 g Spaghetti oder Bucatini, 150 g Scamorza (oder ein anderer würziger Schnittkäse), 4 EL geriebener Caciocavallo oder Pecorino

Tomaten putzen, häuten, entkernen und zerkleinern. Die Knoblauchzehen in 4 Eßlöffeln Olivenöl goldbraun rösten, dann herausfischen und wegwerfen. Die Tomaten in das »Knoblauchöl« rühren, salzen und auf lebhafter Flamme 15 Minuten schmurgeln lassen. Petersilie (etwas zum Garnieren zurückbehalten) und Basilikum einrühren, erneut abschmecken und vom Herd nehmen.

Die Pasta in reichlich Salzwasser al dente garen. Inzwischen Scamorza würfeln und im restlichen Olivenöl erwärmen, bis die Käsewürfel weich werden, aber noch nicht schmelzen.
Pasta abgießen und in eine vorgewärmte Servierschüssel füllen. Mit der Tomatensauce überziehen. Die Scamorzawürfel und den geriebenen Käse unterheben. Vorsichtig vermischen, mit der restlichen Petersilie bestreuen und servieren.

Pasta al pomodoro e mozzarella
Pasta mit Tomaten und Mozzarella

Zutaten für 4 Personen:
500 g vollreife Tomaten, 4 EL Olivenöl, 2 Knoblauchzehen, fein gehackt, Salz und Pfeffer, 200 g Mozzarella, 12–15 Basilikumblätter, 2 EL Butterflöckchen, 4 EL geriebener Grana oder Parmesan, 400 g Spaghetti

Tomaten wie beschrieben putzen und häuten, dann entkernen und fein würfeln. Das Olivenöl in einem Topf erhitzen. Den Knoblauch darin andünsten. Die Tomaten hinzufügen, salzen und pfeffern und im offenen Topf auf kleiner Flamme 15 Minuten schmurgeln lassen.
Inzwischen Mozzarella sehr fein würfeln und Basilikum mit den Händen zerzupfen. Mozzarella, Basilikum, Butterflöckchen und den geriebenen Käse in eine Servierschüssel geben.
Spaghetti al dente garen, abgießen und heiß in die Servierschüssel geben. Rasch mit dem Käse vermischen, der durch die Hitze der Nudeln schmilzt. Mit Tomatensauce überziehen, mit Salz und Pfeffer abschmecken und servieren.

Frittata con la pasta
Nudelfrittata

Dieses Gericht war ursprünglich ein Resteessen, bei dem übriggebliebene Nudeln mit Tomatensauce mit Eiern völlig neu und apart komponiert wurde. Natürlich können Sie die Pasta auch frisch zubereiten.

Zutaten für 4 Personen:
250 g Vermicelli, 150 ml Tomatensauce (siehe Rezept Spaghetti alla sorrentina, *Seite 22), 2 EL Butter, 4 EL geriebener Parmesan, 6 Eier, Salz und Pfeffer*

Vermicelli in reichlich Salzwasser knapp al dente garen. Abgießen und mit Tomatensauce, Butter und Parmesan vermischen.
Die Eier in einer Schüssel verquirlen. Die Vermicelli untermischen und mit Salz und Pfeffer abschmecken.
Frittata nach der Anleitung im Grundrezept auf Seite 280 backen.

Anmerkung: Während man Gemüsefrittata auch zimmerwarm oder kalt ißt, wird diese Variante bevorzugt heiß gegessen.

Polenta con pomodori verdi
Polenta mit grünen Tomaten

Für dieses Rezept brauchen Sie eine verhältnismäßig feste Polenta. Die Konsistenz hängt natürlich auch von der verwendeten Mehlsorte ab, als Faustregel gilt jedoch: Je länger die Kochzeit, um so fester die Polenta.

Zutaten für 4 Personen:
500 g Polentamehl, 300 g grüne Tomaten, 1/2 TL Fenchelsamen, 3 EL Olivenöl, Salz und Pfeffer

Etwa 1 1/4 l Wasser zum Kochen bringen und salzen. (Die genaue Wassermenge hängt von der verwendeten Mehlsorte ab, sehen Sie sich auch die Anleitung auf der Packung an.) Das Maismehl hineinrieseln lassen und kräftig umrühren, damit sich keine Klümpchen bilden. Die Polenta unter ständigem Rühren 40–45 Minuten oder nach Packungsanleitung zu einem festen Brei kochen.
Die grünen Tomaten putzen, entkernen und in Scheiben schneiden. Die Fenchelsamen in Olivenöl anrösten, die Tomaten hinzufügen, salzen und pfeffern. Auf lebhafter Flamme 5–10 Minuten köcheln lassen.
Die Polenta in Scheiben schneiden und mit der grünen Tomatensauce anrichten.

Tip: Dieses Gericht läßt sich auch gut mit Polentaresten zubereiten. Feste Polenta in Scheiben schneiden, in der Pfanne mit etwas Olivenöl knusprig braten und mit der Tomatensauce anrichten.

Pomodori a raganati
Gratinierte Tomaten

Die Tomaten vom Ofen können Sie heiß, zimmerwarm oder kalt servieren.

Zutaten für 4 Personen:
4 große, reife und schnittfeste Fleischtomaten, 10–12 Basilikumblätter, fein gehackt, 1 kleines Bund Petersilie, fein gehackt, einige Minzeblätter, fein gehackt, 4 EL Paniermehl, 4 EL geriebener Pecorino, Salz und Pfeffer, 4 EL Olivenöl

Tomaten waschen, von Stielansätzen befreien und quer halbieren. Kerne und Flüssigkeit entfernen. Die Kräuter mit Paniermehl und Pecorino vermischen. Salzen und pfeffern.
Backofen auf 200 Grad vorheizen. Eine Auflaufform mit Olivenöl einpinseln. Die Tomatenhälften hineinsetzen und mit der Kräutermischung bedecken. Mit dem restlichen Öl beträufeln und im heißen Ofen ca. 15 Minuten goldbraun überbacken.

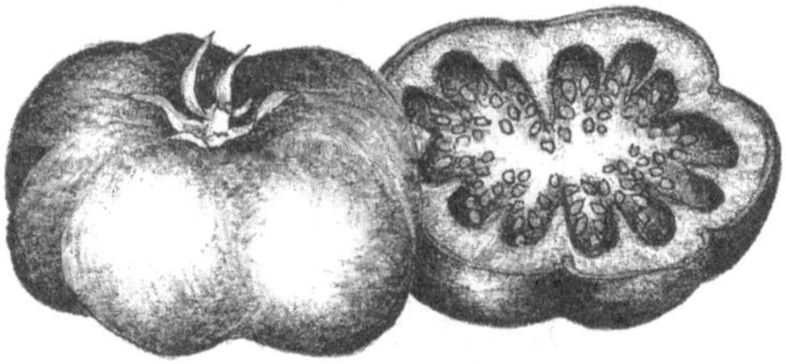

Timballo di maccheroni
Nudeltimbale

Zutaten für 4 Personen:
2 kg vollreife Tomaten, Salz und Pfeffer, 1 TL frischer Oregano, 20 Basilikumblätter, gehackt, 8 EL geriebener Grana oder Parmesan, 400 g Röhrennudeln (Maccheroni, Bucatini), 50 ml Olivenöl

Tomaten wie in der Einleitung beschrieben häuten und quer halbieren. Die Tomatenhälften mit einem Messer oder Löffel aushöhlen, das Fruchtfleisch beiseite stellen. Salz und Pfeffer, Oregano, Käse und Basilikum in einem Schälchen vermischen. Die Nudeln auf 10 Zentimeter Länge kürzen und in Salzwasser vorgaren (nehmen Sie die Hälfte der auf der Packung angegebenen Garzeit). Abgießen und abtropfen lassen. Nudeln mit der Kräutermischung überziehen und in die Tomatenhälften füllen. Backofen auf 175 Grad vorheizen. Eine Auflaufform mit etwas Olivenöl einpinseln. Die Nudeln auf 10 Zentimeter kürzen. Nun abwechselnd Tomaten, Nudeln und Kräutermischung in die Form schichten, bis alle Zutaten aufgebraucht sind. Mit dem beiseite gestellten Fruchtfleisch der Tomaten abdecken und mit Öl beträufeln. Abdecken und im heißen Ofen etwa 45 Minuten überbacken. Nach der Hälfte der Garzeit den Deckel abnehmen. Auflauf aus dem Ofen holen und vor dem Servieren rund 5 Minuten ruhen lassen.

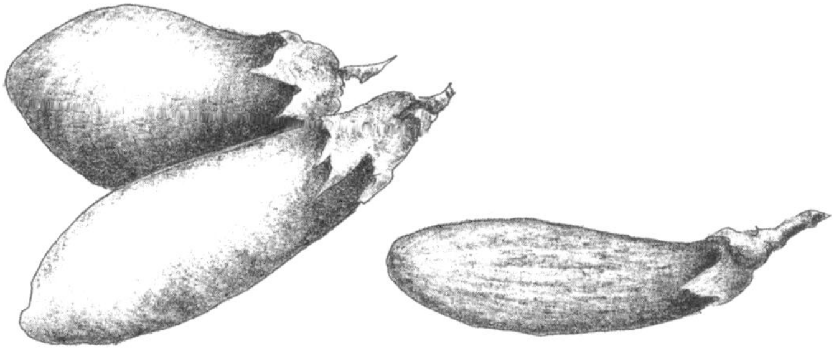

Melanzane – Auberginen

Die Heimat der Aubergine, die wie Kartoffeln und Tomaten zu den Nachtschattengewächsen zählt, liegt vermutlich in Indien. Auberginen gibt es in vielen verschiedenen Formen von kugelrund bis länglich und schlank und in zahlreichen Farbschattierungen von einem satten Dunkelviolett bis zu hellerem Lila und fast Cremeweiß. Bei Ihrem Gemüsehändler werden Sie hauptsächlich die länglichen, dunkelvioletten Spielarten bekommen. Frische Auberginen erkennen Sie an ihrem festen Fruchtfleisch und an straffer, glänzender Haut. Nehmen Sie nach Möglichkeit kleinere Exemplare, die noch nicht so viele Kerne enthalten.

Vorbereitung: Auberginen waschen und vom Stielansatz befreien. In Scheiben oder Würfel schneiden und salzen. In ein Sieb legen und 30–60 Minuten ziehen lassen, damit die in den Früchten enthaltenen Bitterstoffe ausgeschieden werden können. Die braune Flüssigkeit und das Salz wieder gründlich abspülen, die Auberginen trockentupfen und nach Rezept garen (rohe Auberginen sind ungenießbar).
Für die meisten Zubereitungen der traditionellen italienischen Küche werden die Auberginen in der Pfanne in Öl weichgebraten. Danach läßt man sie auf Küchenpapier abtropfen, weil sie beim Braten sehr viel Öl verbrauchen, das sie aufsaugen wie ein Schwamm. Bekömmlicher ist es jedoch, die Auberginen unterm Backofengrill vorzugaren. Dazu die in Scheiben geschnittenen Auberginen auf beiden Seiten nur mit einem Hauch Olivenöl einpinseln, auf ein Backblech legen und pro Seite etwa 5 Minuten weich grillen.

Melanzane a scapece
Eingelegte Auberginen

Zutaten für 4 Personen:
6 rundliche, nicht allzu große Auberginen, 250 g Zwiebeln, in Ringe geschnitten, 100 ml Olivenöl, 30 g Rosinen, 7–8 Minzeblätter, gehackt, 4 EL Weißweinessig, 80 g scharfer Caciocavallo (ersatzweise Pecorino)

Für die Tomatensauce:
500 g Tomaten, 1 Zwiebel, 4 EL Olivenöl, 1 Knoblauchzehe, zerstoßen, Salz und Pfeffer, 1 Briefchen Safranpulver oder 1 Prise Safranfäden, 5–6 Basilikumblätter, grob gehackt, 1 kleines Bund Petersilie, fein gehackt

Auberginen putzen und schräg in etwa 2 Zentimeter dicke Scheiben schneiden. Wie beschrieben einsalzen, ziehen lassen und abspülen. Mit Küchenpapier trockentupfen.
Während die Auberginen durchziehen, die Sauce zubereiten. Tomaten häuten, entkernen und würfeln. Die Zwiebel in Streifen schneiden und in etwas Olivenöl andünsten. Tomaten und alle übrigen Zutaten hinzufügen. Eine Stunde leise köcheln lassen. Ab und zu umrühren.
Für die Marinade die Zwiebeln in 4 Eßlöffeln Olivenöl andünsten. Die Auberginenscheiben im restlichen Öl braten. Die Tomatensauce, die gebratenen Zwiebeln und die Rosinen zu den Auberginen geben. Salzen, die Minze einrühren. Mit Essig ablöschen. Sobald die Flüssigkeit eingekocht ist, den Käse in Scheiben schneiden oder raspeln und zu den Auberginen geben. Etwa 10 Minuten durchkocheln lassen, dann vom Herd nehmen und vor dem Servieren erkalten lassen.

Timballo di pasta e melanzane
Sizilianischer Auberginenauflauf

Zutaten für 4 Personen:
4 längliche Auberginen, Salz und Pfeffer, 100 ml Olivenöl, 1 Zwiebel, in feine Ringe geschnitten, 1 Knoblauchzehe, zerstoßen, 300 g Eiertomaten, gehackt, 400 g gerillte Röhrennudeln (z. B. Penne, Rigatoni), 80 g Caciocavallo oder Pecorino, einige Butterflöckchen zum Überbacken

Auberginen putzen, längs in Scheiben schneiden und salzen. Wie beschrieben ziehen lassen. Abspülen und trockentupfen. 3–4 Eßlöffel Olivenöl abmessen und beiseite stellen. Den Rest in einer Pfanne erhitzen und die Auberginenscheiben darin weich braten. Herausheben und auf Küchenpapier abtropfen lassen.
Zwiebel und Knoblauch in 3 Eßlöffeln Öl andünsten. Tomatenstückchen hinzugeben, salzen, pfeffern und auf kleiner Flamme 15 Minuten schmurgeln lassen.
Die Nudeln in reichlich Salzwasser knapp al dente garen. In der Zwischenzeit den Käse in Scheiben schneiden oder raspeln. Backofen auf 180 Grad vorheizen und eine Auflaufform mit Öl einpinseln.
Eine Lage Nudeln in die vorbereitete Form schichten, mit etwas Tomatensauce bestreichen und mit Auberginenscheiben belegen. Etwas Käse darüber verteilen. Nach diesem Schema fortfahren, bis alle Zutaten aufgebraucht sind. Den Timballo mit Butterflöckchen bedecken und im heißen Ofen 15–20 Minuten überbacken.

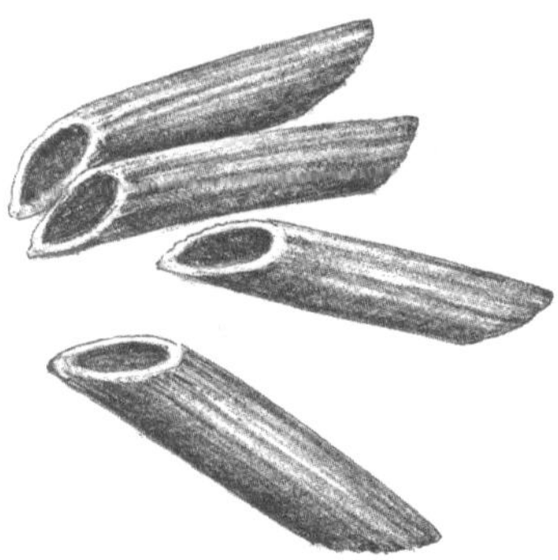

Melanzane ripiene alla mozzarella
Auberginen mit Mozzarellafüllung

Diese Spezialität aus Latium können Sie heiß als kleines Hauptgericht oder zimmerwarm als Vorspeise genießen.

Zutaten für 4 Personen:
4 kleine, längliche Auberginen, Salz und Pfeffer, 250 g Mozzarella, 1 Ei, 4 EL Olivenöl, 200 g Tomatenpüree

Einen großen Topf Wasser zum Kochen bringen und salzen. Auberginen waschen und vom Stielansatz befreien. 10 Minuten im sprudelnden Salzwasser vorgaren. Herausheben, etwas abkühlen lassen und längs halbieren. Das Fruchtfleisch ausschaben und beiseite stellen.
Auberginenfleisch und Mozzarella fein würfeln und mit dem leicht verquirlten Ei vermengen. Salzen, pfeffern und mit 2–3 Eßlöffeln Olivenöl geschmeidig rühren.
Backofen auf 180 Grad vorheizen und eine Auflaufform mit Öl auspinseln. Die Auberginenhälften in die Form setzen und mit der Mozzarellamasse füllen. Mit Tomatenpüree überziehen und mit dem restlichen Olivenöl beträufeln. Rund 45 Minuten im heißen Ofen überbacken.

Involtini di melanzane alla buttera
Toskanische Auberginenröllchen

Zutaten für 4 Personen:
4 längliche Auberginen, Salz, 500 g vollreife Tomaten, 12–15 Basilikumblätter, 2 Knoblauchzehen, fein gehackt, 250 g Mozzarella, 100 ml Olivenöl, 2 TL frischer Oregano, 2 EL Weißweinessig

Auberginen waschen und längs in dünne Scheiben schneiden. Wie beschrieben salzen und durchziehen lassen. In der Zwischenzeit die Tomaten putzen und fein würfeln, die Hälfte des Basilikums fein hacken.
Tomaten sowie das gehackte Basilikum und eine gehackte Knoblauchzehe in einen Topf geben, salzen und auf kleiner Flamme 15–20 Minuten köcheln lassen. Vom Herd nehmen und durch ein Sieb streichen, um Tomatenhäutchen, Kerne usw. zu entfernen.
Mozzarella längs in dünne Scheiben schneiden, das restliche Basilikum grob zerzupfen. Die Auberginenscheiben gründlich abspülen und trockentupfen. 2–3 Eßlöffel Olivenöl abmessen und beiseite stellen.
Das übrige Olivenöl in einer Pfanne erhitzen und die Auberginenscheiben darin weichbraten. Herausheben und auf Küchenpapier abtropfen lassen. (Siehe auch Hinweis auf Seite 28.)
Die Auberginenscheiben dann auf einer Arbeitsfläche ausbreiten und mit Mozzarellascheiben belegen. Ein paar Oreganoblättchen darauf verteilen, dann zu Rouladen aufrollen und feststecken.
Die Auberginenröllchen in eine flache Form schichten. Basilikum und Knoblauch dazwischenstecken, die Tomatensauce darüber verteilen. Mit dem restlichen Olivenöl und ein paar Spritzern Essig beträufeln. Vor dem Servieren einige Stunden im Kühlschrank durchziehen lassen.

Gnocchetti con salsa di melanzane
Gnocchetti in Auberginensauce

Zutaten für 4 Personen:
400 g längliche Auberginen, Salz, 100 ml Olivenöl, 50 g Walnußkerne, grob gehackt, 4 EL geriebener Caciocavallo oder Pecorino, 500 g Gnocchetti oder ähnliche, muschelförmige Nudeln, 2 EL Butter, 1 Prise Zimtpulver

Die Auberginen waschen und putzen und längs in Scheiben schneiden. Wie beschrieben salzen und ziehen lassen. Abspülen, abtrocknen und in heißem Öl weich braten (siehe dazu auch die Einleitung auf Seite 28). Aus der Pfanne heben und auf Küchenpapier abtropfen lassen. Die Auberginenscheiben grob würfeln und mit Walnüssen und Käse vermischen.
Backofen auf 180 Grad vorheizen. Die Gnocchetti in reichlich Salzwasser knapp al dente garen. Abgießen und mit der Auberginensauce und etwas Butter vermischen. Die Pasta in eine Auflaufform füllen, ein paar Butterflöckchen obenauf setzen und im heißen Ofen überbacken. Herausnehmen, mit Zimt überstäuben und vor dem Servieren 5 Minuten ruhen lassen.

Ravioli con ripieno di melanzane
Ravioli mit Auberginenfüllung

Diese köstlichen Ravioli stammen aus Sardinien, wo man sie mit einer schlichten Tomatensauce und etwas geriebenem Pecorino oder mit zerlassener Butter und Parmesan serviert.

Für den Nudelteig:
500 g Mehl, 2 verquirlte Eier, Salz, 1 Briefchen Safranpulver, ca. 50 g Butter zum Servieren

Für die Füllung:
300 g Auberginen, Olivenöl zum Bepinseln, 20 Walnußkerne,

200 g Ricotta, 2 Eier, 8–10 Basilikumblätter, fein gehackt, 1 kleines Bund Petersilie, fein gehackt

Auberginen waschen und putzen, in dicke Scheiben schneiden und wie beschrieben salzen und durchziehen lassen. Abspülen, trockentupfen und mit Öl bepinseln. Unterm Backofengrill weich garen. Etwas abkühlen lassen, dann grob hacken.

Das Mehl für den Ravioliteig auf einer Arbeitsfläche zum Kegel aufschütten. In die Mitte eine Mulde drücken und die Eier hineingießen. Eine Prise Salz und das in einem Eßlöffel lauwarmem Wasser aufgelöste Safranpulver hinzufügen. Die Zutaten langsam und vorsichtig vermengen und zu einem glatten Nudelteig verarbeiten. Nach Bedarf eßlöffelweise lauwarmes Wasser hinzufügen, damit der Teig geschmeidig wird. Etwa 10 Minuten energisch durchkneten. Teig zur Kugel rollen, in eine Schüssel legen und zugedeckt 30 Minuten ruhen lassen.

Inzwischen die Nüsse hacken und mit Auberginenhack und Ricotta vermischen. Die Eier sowie die Kräuter hinzufügen, salzen und zu einer glatten Füllmasse verarbeiten.

Den Nudelteig von Hand oder mit der Nudelmaschine dünn ausrollen und Quadrate von etwa 8 Zentimeter Kantenlänge ausschneiden. Etwas Füllung in die Mitte setzen, dann die Teigflecken zusammenklappen und an den Rändern gut festdrücken. Die Ravioli auf ein bemehltes Küchentuch setzen und mit einem Tuch abdecken, damit sie nicht austrocknen.

Die Ravioli portionsweise in sprudelndes Salzwasser gleiten lassen und sanft al dente garen. Mit einer Siebkelle herausheben, abtropfen lassen und in eine Servierschüssel geben. Sofort ein paar Butterflöckchen dazwischen geben, damit die Ravioli nicht verkleben, und heiß zu Tisch bringen.

Risotto con le melanzane
Auberginenrisotto

Zutaten für 4 Personen:
350 g kleine und feste Auberginen, Salz und Pfeffer, 1 Zwiebel, fein gehackt, 2 EL Olivenöl, 250 g Tomatenpüree, 350 g Risottoreis (z. B. Arborio), gut 1 l heiße Gemüse- oder Geflügelbrühe, 2 EL Butter, fein gehacktes Basilikum zum Garnieren (nach Wunsch)

Auberginen waschen und putzen und in Würfel schneiden. Salzen und eine Stunde durchziehen lassen. Danach gründlich abspülen und trocken tupfen.
Die Zwiebel in Olivenöl andünsten. Die Auberginenwürfel hinzufügen und einige Minuten mitdünsten. Das Tomatenpüree einrühren und 5 Minuten durchkochen. Den Reis einstreuen und sorgfältig verrühren. Eine Kelle Brühe angießen und einkochen lassen. Dann wieder Brühe angießen und einkochen lassen. Den Reis auf diese Weise al dente garen. Den Reis während des Garens gelegentlich umrühren und darauf achten, daß der Reis stets von einem Hauch Flüssigkeit bedeckt ist.
Sobald der Reis al dente ist, das Risotto vom Herd nehmen. Die Butter einarbeiten, mit Salz und Pfeffer abschmecken und 2–3 Minuten ruhen lassen. Nach Wunsch mit gehacktem Basilikum garnieren.

Torta di melanzane
Ligurischer Auberginenkuchen

Für die Füllung:
2 große, rundliche Auberginen, Salz und Pfeffer, Olivenöl zum Bepinseln und Überbacken, 2 Eier, 1 EL frischer oder 1 TL getrockneter Majoran, 4 EL geriebener Parmesan, 3 EL Paniermehl

Für den Teig:
350 g Mehl, 2–3 EL Olivenöl, Salz

Auberginen waschen, putzen und in dünne Scheiben schneiden. Salzen und eine Stunde durchziehen lassen. Gründlich abspülen und trockentupfen. Mit einem Hauch Öl bepinseln und wie in der Einleitung beschrieben unterm Backofengrill weich braten.
Die Eier mit einer Prise Salz verquirlen, Majoran und Parmesan untermengen.
Aus den angegebenen Zutaten einen glatten Kuchenteig herstellen. Eine runde Kuchenform mit Öl einpinseln. Seiten und Wände der Form mit dem Teig auskleiden.
Backofen auf 180 Grad vorheizen. Die Auberginen in die Form schichten und mit dem Eierguß überziehen. Mit Paniermehl bestreuen und etwas Olivenöl beträufeln. 45 Minuten im heißen Ofen abbacken. Herausnehmen und vor dem Servieren auf Zimmertemperatur abkühlen lassen.

Zucchine – Zucchini

Zucchini (italienisch wörtlich: »kleiner Kürbis«) gehören zur Gattung der Kürbisgewächse. Die rankenden Pflanzen bringen leuchtend orangefarbene Blüten hervor, die ebenfalls eßbar sind. Die attraktiven Kelche der männlichen Blüten werden zum Füllen verwendet, während sich an den weiblichen Blüten die Früchte herausbilden. Die gurkenähnlichen Zucchini besitzen eine grüne Schale und ein weißliches bis hellgrünes Fruchtfleisch, das nur wenig Eigengeschmack aufweist. Sehr junge und zarte Früchte schmecken jedoch leicht cremig-süßlich. Wenn Sie in Ihrem Garten Zucchini anbauen, sollten Sie die Früchte ernten, bevor die Blüte abfällt, weil sie dann besonders zart sind. Auch im Laden sollten Sie sich auf möglichst kleine Exemplare mit festem und knackigem Fruchtfleisch konzentrieren. Kaufen Sie niemals besonders große Zucchini, weil sie voller Kerne stecken und unter Umständen bereits überreif sind.

Vorbereitung: Zucchini waschen und den Stielansatz sowie das untere Ende abschneiden. Zucchini, die gefüllt werden, zunächst 10 Minuten in sprudelndem Salzwasser vorgaren und dann erst die beiden Enden abschneiden.

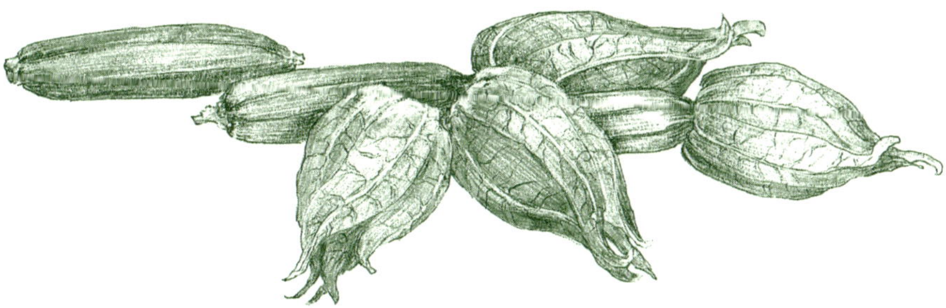

Zuppa di zucchine
Zucchinisuppe

Zutaten für 4 Personen:
800 g schmale Zucchini, 5 EL Olivenöl, 1 Knoblauchzehe, fein gehackt, Salz und Pfeffer, 2 Scheiben Weißbrot, 2 Eier, 4 EL geriebener Parmesan, 8–10 Basilikumblätter, grob gehackt, 1 kleines Bund Petersilie, fein gehackt

Zucchini waschen und putzen und in 5–6 Millimeter dünne Scheiben schneiden. 4 Eßlöffel Öl in einem Topf erhitzen und die Zucchinischeiben zusammen mit dem Knoblauch darin andünsten. Mit 1 1/4 Liter Wasser auffüllen und zum Kochen bringen. Auf kleiner Flamme etwa 20 Minuten weichgaren. Mit Salz und Pfeffer abschmecken.
Während die Suppe kocht, die Weißbrotscheiben würfeln und im restlichen Öl knusprig rösten. Auf Suppenschalen verteilen. Die Eier in einem Schälchen verquirlen, den Parmesan und die gehackten Kräuter hinzufügen und sorgfältig vermischen.
Die heiße Suppe mit den Eiern legieren und sofort vom Herd nehmen. Die Suppe über die Crostini gießen und servieren.

Minestra di zucchine, fagiolini e fiori di zucca
Zucchinisuppe mit grünen Bohnen und Kürbisblüten

Zutaten für 4 Personen:
500 g Zucchini, 400 g grüne Bohnen, 24 Kürbisblüten (ersatzweise Zucchiniblüten), 1 Zwiebel, 1 grüne Paprikaschote, 4 EL Olivenöl, Salz und Pfeffer, 7–8 Basilikumblätter

Zucchini und Bohnen waschen und putzen. Zucchini in 5 Millimeter dünne Scheiben schneiden, Bohnen auf 3 Zentimeter Länge kürzen. Die Stempel der Kürbisblüten entfernen, die Zwie-

bel abziehen und in dünne Ringe hobeln, die Paprikaschote putzen und in feine Streifen schneiden.
Das Öl in einem Suppentopf erhitzen. Das vorbereitete Gemüse hineingeben und einige Minuten andünsten. Salzen und pfeffern. Mit 1 1/4 Liter Wasser auffüllen, abdecken und zum Kochen bringen. Den Topf einen Spaltbreit öffnen und das Gemüse etwa 20 Minuten auf kleiner Flamme weich garen. Mit Salz und Pfeffer abschmecken, das Basilikum zerzupfen und unterrühren. Heiß servieren.

Vermicelli con le zucchine
Vermicelli mit Zucchinisauce

Zutaten für 4 Personen:
500 g kleine Zucchini, 4 EL Olivenöl, Salz und Pfeffer, 3 Knoblauchzehen, zerstoßen, 350 g Vermicelli, 200 g Ricotta, 8–10 Basilikumblätter, gehackt

Zucchini waschen, putzen, in dünne Scheiben schneiden und in Olivenöl bräunen. Salzen und pfeffern, aus der Pfanne heben und warm stellen. Die Knoblauchzehen im verbliebenen Öl goldbraun braten, herausheben und wegwerfen.
Vermicelli in Salzwasser al dente garen. Etwas Nudelwasser abschöpfen und die Ricotta damit glattrühren. Mit Basilikum und Zucchini vermischen. Die Nudeln abgießen und in eine Schüssel füllen. Mit dem »Knoblauchöl« überziehen und mit der Zucchiniricotta vermischen. Heiß servieren.

Variation: Wenn Sie selber Zucchini im Garten ziehen, können Sie auch ein paar leuchtend bunte Zucchiniblüten dazugeben und die Pasta optisch ein wenig aufpeppen. (Vorbereitung der Blüten siehe Kürbisblüten, Seite 49.)

Zucchine al forno
Zucchini aus dem Ofen

Zutaten für 4 Personen:
8 kleinere, längliche Zucchini, Salz und Pfeffer, 3 EL Paniermehl, 1 kleines Bund Petersilie, fein gehackt, 2 EL Olivenöl, 2 EL Butter

Zucchini waschen und 10 Minuten in sprudelndem Salzwasser vorgaren. Herausheben, abtropfen und etwas abkühlen lassen, dann längs halbieren. Den Stielansatz abschneiden und das Fruchtfleisch ausschaben.
Das Zucchinifleisch fein hacken und mit Paniermehl und Petersilie vermischen. Mit Salz und Pfeffer herzhaft würzen und mit Olivenöl zu einer gleichmäßigen Füllmasse verrühren. Die Zucchini damit füllen.
Backofen auf 180 Grad vorheizen und eine Auflaufform buttern. Die gefüllten Zucchini hineinsetzen und mit einigen Butterflöckchen belegen. Im heißen Ofen 30–40 Minuten überbacken. Heiß oder temperiert servieren.

Variation: Wenn Sie sich nicht rein vegetarisch ernähren, können Sie diese Füllung mit 150 g krümelig gebratenem Hackfleisch oder Salsiccia (italienischem Bratwurstbrät) anreichern.

Zucchine ripiene
Gefüllte Zucchini

Zutaten für 4 Personen:
4 mittelgroße, rundliche Zucchini, Salz und Pfeffer, 1 kleines Bund Petersilie, 1 Knoblauchzehe, 1 Ei, 2 EL Paniermehl, 6 EL geriebener Parmesan, 50 ml Milch, 1–2 EL Butter, 1 Zwiebel, fein gehackt, 2 EL Tomatenmark

Zucchini waschen und 10 Minuten in sprudelndem Salzwasser vorgaren. Herausheben, leicht abkühlen lassen und längs halbie-

ren. Das Fruchtfleisch herauslösen und zusammen mit Petersilie und Knoblauch fein hacken.
Das Hack in eine Schüssel geben und mit dem verquirlten Ei, Paniermehl, Parmesan und 1–2 Eßlöffeln Milch vermischen. Salzen und pfeffern. Die Zucchinihälften mit dieser Masse füllen.
Die Butter in einer weiten Pfanne mit Deckel erhitzen. Die gefüllten Zucchini darin andünsten, salzen und pfeffern. Das Tomatenmark mit 2 Eßlöffeln lauwarmem Wasser glattrühren und zur Zwiebel geben. Die gefüllten Zucchini hineinsetzen. Die restliche Milch hinzugießen. Mit Wasser auffüllen, bis die Zucchini zur Hälfte in Flüssigkeit stehen. Pfanne bis auf einen Spaltbreit abdecken und das Ganze auf lebhafter Flamme rund 20 Minuten garen. Heiß oder zimmerwarm servieren.

Tortino di zucchine
Zucchiniauflauf

Zutaten für 4 Personen:
1 kg kleinere, längliche Zucchini, 10–12 Basilikumblätter, fein gehackt, 1 kleines Bund Petersilie, fein gehackt, 6 Knoblauchzehen, fein gehackt, 6 EL Olivenöl, Salz und Pfeffer, 8 EL geriebener Parmesan, 4 EL geriebener Pecorino, 6 Eier, 2 EL Paniermehl

Zucchini waschen, putzen und quer in hauchdünne Scheiben hobeln. Zucchinischeiben zusammen mit Basilikum, Petersilie und Knoblauch in 4 Eßlöffeln Olivenöl andünsten. Salzen und pfeffern. Auf kleiner Flamme dünsten, bis sich die Zucchini auflösen. In eine Schüssel füllen und abkühlen lassen
Die Zucchinimasse mit einem Holzlöffel zu Brei verrühren. Parmesan, Pecorino und die verquirlten Eier einarbeiten. Mit Salz und Pfeffer herzhaft abschmecken und sorgfältig vermischen.
Backofen auf 180 Grad vorheizen. Die Zucchinimasse in eine geölte Auflaufform füllen, mit Paniermehl bestreuen und mit dem restlichen Öl beträufeln. 45 Minuten im heißen Ofen überbacken. Heiß oder zimmerwarm servieren.

Zucca – Kürbis

Die Kürbispflanze stammt aus Amerika und wird seit langem auch in Europa kultiviert. Die Früchte erreichen spektakuläre Ausmaße und können bis zu zwei Zentner schwer werden. In Italien spielt Kürbis als Gemüse eine weitaus größere Rolle als in der deutschen Küche. Das Fruchtfleisch des italienischen Kürbis zeichnet sich durch ein angenehm süßliches Aroma aus, das in Raviolifüllungen und Kuchen schön zur Geltung kommt. Fragen Sie Ihren Gemüsehändler gezielt nach italienischem Kürbis oder probieren Sie beispielsweise amerikanischen Butternut, der ähnlich süß schmeckt und inzwischen öfter angeboten wird.
Wenn Sie nur einzelne Kürbisspalten kaufen, achten Sie auf festes Fruchtfleisch mit leuchtender Farbe.

Vorbereitung: Wenn Sie einen ganzen Kürbis verwenden, die Frucht zunächst halbieren. Seien Sie dabei vorsichtig, denn man rutscht sehr leicht mit dem Küchenmesser an der harten Schale ab. Dann die Kerne und, falls vorhanden, die Fäden entfernen. Den Kürbis dann grob würfeln und schälen.
Kürbiskerne können Sie nach Belieben salzen und auf einem Backblech im Ofen rösten.

Zuppa di zucca
Toskanische Kürbissuppe

Zutaten für 4 Personen:
600 g Kürbis, 4 EL Olivenöl, 2 mittelgroße Kartoffeln, gewürfelt, 1 Zwiebel, gehackt, 125 ml Milch, 1 l Gemüsebrühe (nach Wunsch), Salz und Pfeffer, 200 g Reis, 100 g frischer Blattspinat, 1 EL Butter, 4 EL geriebener Grana oder Parmesan

Kürbis waschen und wie beschrieben putzen und würfeln. Das Olivenöl in einem Suppentopf erhitzen. Die Zwiebel einige Minuten darin andünsten. Kürbis- und Kartoffelwürfel hinzufügen und einige Minuten mitdünsten, bis sie rundum glasig glänzen. Mit Milch und Gemüsebrühe oder Wasser auffüllen und zum Kochen bringen. Salzen und pfeffern und auf kleiner Flamme in etwa 20 Minuten weich garen.
Während die Suppe kocht, den Reis in einem zweiten Topf wie gewohnt bißfest garen. Abgießen und abtropfen lassen, ab und zu mit einer Gabel auflockern.
Den Blattspinat waschen und verlesen und kurz vor Ende der Garzeit in die Suppe werfen. 2–3 Minuten mitkochen, dann die Suppe vom Herd nehmen und pürieren. Den gegarten Reis hineingeben, wieder auf den Herd stellen und gut heiß werden lassen. Die Suppe salzen und pfeffern sowie mit Butter und Parmesan verfeinern. Heiß servieren.

Risotto con la zucca gialla
Kürbisrisotto

Für die Gemüsebrühe:
600 g Kürbis, Suppengemüse aus 1 Zwiebel, 1 Lauchstange, 2 Selleriestengel oder ein kleines Stück Sellerieknolle, 1 Mohrrübe, 1/2 Fenchelknolle mit Blattgrün, 1 kleines Bund Petersilie

Für das Risotto:
Feines Gemüsehack aus 1 Rosmarinzweig, 1 Zwiebel, 1 kleine Mohrrübe, 1 Selleriestengel, 3 EL Butter, 1 Glas trockener Weißwein oder trockener Marsala, 400 g Risottoreis, 2 EL Sahne, 2 EL Milch, Salz und Pfeffer, 1 Prise frisch geriebener Muskat, 2 Eigelbe, 1 TL abgeriebene Schale einer unbehandelten Zitrone, 4 EL geriebener Parmesan

Den Kürbis wie beschrieben putzen und grob würfeln, das übrige Suppengemüse ebenfalls putzen. Mit 1 1/2 Liter Wasser in einen Topf geben und etwa 30 Minuten auskochen. Zum Schluß salzen. Die Brühe durch ein Sieb abgießen, das Kürbisfleisch beiseite stellen, das restliche Suppengemüse gut auspressen und dann wegwerfen.
Für das Risotto das Gemüsehack etwa 5 Minuten in der Hälfte der Butter andünsten, dann mit Wein ablöschen. Sobald der Wein eingekocht ist, den Reis hinzufügen und unter Rühren glasig dünsten.
Eine Kelle Kürbisbrühe angießen und einkochen lassen. Den Vorgang mehrmals wiederholen und den Reis auf diese Weise al dente garen. Dabei gelegentlich umrühren und darauf achten, daß der Reis nie austrocknet, sondern stets von einem Hauch Flüssigkeit bedeckt ist.
Wenige Minuten vor Ende der Garzeit das weichgekochte Kürbisfleisch, Sahne und Milch einrühren. Mit Salz, Pfeffer und Muskat abschmecken. Die restliche Butter, Eigelbe, Zitronenschale und Parmesan einarbeiten. Risotto vom Herd nehmen und vor dem Servieren 2–3 Minuten ruhen lassen.

Cappellacci alla ferrarese
Nudeltäschchen mit Kürbisfüllung

Für den Nudelteig:
400 g Mehl, 4 verquirlte Eier, 1 Prise Salz

Für die Füllung:
2 kg Kürbis, 120 g geriebener Parmesan, 1 Ei, Salz und Pfeffer, 1 Prise frisch geriebener Muskat

Außerdem:
Salbeibutter und 4 EL geriebener Parmesan zum Servieren

Für den Nudelteig das Mehl auf eine Arbeitsfläche häufen. In die Mitte eine Vertiefung drücken. Die Eier und das Salz hineingeben. Vom Rand her langsam des Mehl einarbeiten und nach und nach einen glatten Nudelteig herstellen. 10 Minuten energisch durchkneten, zur Kugel rollen und abgedeckt ruhen lassen.
Inzwischen Kürbis waschen und putzen und in Scheibchen schneiden. Auf einem Backblech ausbreiten und im 175 Grad heißen Ofen gut 30 Minuten Saft ziehen und weich werden lassen. Aus dem Ofen holen und leicht abkühlen lassen. Das Kürbisfleisch zermusen und mit Parmesan und Ei vermischen. Die Füllmasse mit Salz, Pfeffer und Muskat abschmecken.
Den Nudelteig dünn ausrollen und zu Quadraten mit 6 Zentimeter Kantenlänge zurechtschneiden. Etwas Kürbismasse auf die Teigflecken setzen. Zu Dreiecken zusammenklappen und an den Rändern gut festdrücken. Die Dreiecke mit der Spitze nach oben und der dicken Seite nach außen um den kleinen Finger wickeln und die beiden Enden zusammendrücken. Die fertig ausgeformten Cappellacci auf ein bemehltes Küchentuch setzen und mit einem Tuch abdecken.
In einem großen Topf Wasser zum Kochen bringen und salzen. Die Cappellacci hineingleiten lassen und im sanft sprudelnden Wasser al dente garen. Mit einem Sieblöffel herausfischen und in eine Servierschüssel geben. Sofort mit der Salbeibutter überziehen und mit Parmesan bestreuen.

Anmerkung: Für die Salbeibutter 4 Eßlöffel Butter in einem Pfännchen zerlassen und mit 7–8 grob zerzupften Salbeiblättern aromatisieren.

Pasta con la zucca
Scharfe Kürbissuppe

Die Suppen Süditaliens sind kräftig und herzhaft im Geschmack und ähneln in ihrer Konsistenz eher einem Eintopf. Ein schönes Beispiel für diese Tradition ist diese Kürbissuppe aus Kampanien.

Zutaten für 4 Personen:
1 kg Kürbis, 4 EL Olivenöl, 4 Knoblauchzehen, zerstoßen, 1 scharfe rote Chilischote, Salz, 300 g Tubetti (oder andere kurze Röhrennudeln, z. B. Penne), 1 kleines Bund Petersilie, fein gehackt

Kürbis waschen, putzen und in Würfel schneiden. Das Öl in einem Topf erhitzen. Die Knoblauchzehen und die ganze Chilischote hineingeben und einige Minuten andünsten. Die Kürbiswürfel hinzufügen und rundum glasig dünsten. Salzen und mit Wasser auffüllen. Etwa 10 Minuten kochen, dann die Pasta hinzufügen und in der Kürbisbrühe al dente garen. Die Petersilie einstreuen, nochmals abschmecken und zu Tisch bringen.

Torta salata di zucca
Salziger Kürbiskuchen

Für die Füllung:
1 kg Kürbis, 300 g frischer Blattspinat, gewaschen und verlesen, 200 g Reis, 1 Zwiebel, fein gehackt, 4 verquirlte Eier, 4 EL geriebener Parmesan, 1 EL frische oder 1/2 EL getrocknete Majoranblättchen, 1 Prise frisch geriebener Muskat, Salz und Pfeffer, 4 EL Olivenöl

Für den Teig:
500 g Mehl, 1 TL Salz, 100 g Butterflöckchen, 3 EL Olivenöl

Kürbis waschen, putzen und fein würfeln. Den Blattspinat waschen und verlesen und mit dem Wasser, das noch an den Blättern haftet, in einen Topf geben und 5–6 Minuten dünsten. Herausheben, gut ausdrücken und grob hacken.
Den Reis in Salzwasser knapp al dente garen, so daß er noch einen kernigen Biß zeigt.
Kürbiswürfel, Zwiebel und Spinat in eine Schüssel geben, den Reis, die Eier, Parmesan, Majoran und Gewürze sowie drei Eßlöffel Öl hinzufügen und zu einer glatten Füllmasse verarbeiten.
Mehl mit den übrigen Zutaten vermischen und rasch zu einem glatten Kuchenteig verkneten. Den Teig vierteln. Eine Kuchenform mit ca. 26 Zentimeter Durchmesser fetten und den Backofen auf 180 Grad vorheizen.
Die Teigportionen kreisrund ausrollen. Zwei Teigscheiben in die gefettete Form legen. Die Kürbismasse einfüllen und mit den anderen beiden Teigscheiben abdecken. Mit dem restlichen Öl beträufeln und im heißen Ofen 45 Minuten goldbraun backen. Vor dem Servieren erkalten lassen.

Anmerkung: Laut Originalrezept wird der Reis nicht eigens vorgegart. Je nach Konsistenz der Füllmasse bleibt er dann jedoch oft unangenehm hart. Kochen Sie den Reis daher wenige Minuten in Salzwasser vor.

Torta dolce di zucca gialla e mele
Kürbis-Apfel-Kuchen

Zutaten für 4 Personen:
50 g Rosinen, 12 getrocknete Feigen, 1 Gläschen Rum, 1 kg Kürbisfleisch, 1 kg Äpfel, 300 g Zucker, 6 EL Milch, 4 Eier, 200 g Zartbitterschokolade, fein gerieben, 1 EL Kakaopulver, 200 g Amaretto-Makronen, zerrieben, die abgeriebene Schale von 1/2 Zitrone, 1 Päckchen Vanillezucker, 1 Gläschen Cognac, Butter für die Form

Rosinen und Feigen in einer Mischung aus Rum und lauwarmem Wasser einweichen. Inzwischen das Kürbisfleisch würfeln, die Äpfel schälen, entkernen und in Scheiben schneiden.
Kürbiswürfel, Apfelscheiben, Zucker und Milch in einen Topf geben und auf kleiner Flamme weich dünsten. Rosinen und Feigen aus ihrer Flüssigkeit heben, ausdrücken und fein hacken. Die Eier verquirlen und mit dem gedünsteten Obst, Feigen und Rosinen sowie allen übrigen Zutaten vermischen. Eine weite und flache Kuchenform buttern und die Obstmasse einfüllen. Bei 120 Grad 3 Stunden ganz langsam backen.

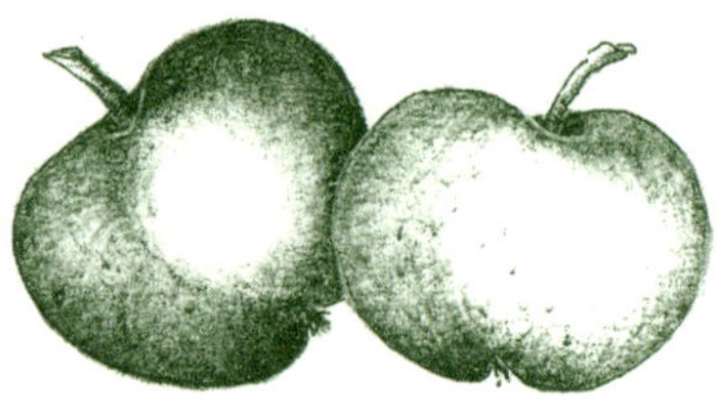

Fiori di zucca – Kürbisblüten

Die leuchtend orangefarbenen Kürbisblüten sind eine Augenweide. Die Blütenkelche können gefüllt werden und kommen fein geschnitten ins Risotto. Die Blüten müssen straffe Blütenblätter besitzen und absolut frisch sein. Bestellen Sie sie bei einem zuverlässigen Händler. Zucchiniblüten können Sie genauso verwenden.

Vorbereitung: Den Stielansatz und die Blütennarben sowie das fleischige Innenleben entfernen. Vorsichtig abbrausen und mit Küchenpapier trockentupfen.

Fiori di zucca ripieni
Gefüllte Kürbisblüten

Zutaten für 4 Personen:
16 Kürbisblüten, 100 g Amaretto-Makronen, zerrieben, 160 g Ricotta, 1 Ei, Salz, Butter zum Braten

Die Kürbisblüten wie beschrieben vorbereiten.
Amaretto-Makronen mit Ricotta und Ei zu einer glatten Füllmasse verarbeiten und salzen. Die Blüten vorsichtig damit füllen. In Butter braten und heiß servieren.

Ortaggi a fusto

SPROSSENGEMÜSE

Asparagi – Spargel

Gemüsespargel sind die jungen Triebe der Spargelpflanze. Der in Deutschland wegen seines ungleich zarteren Aromas bevorzugte weiße Spargel wird gestochen, bevor die Triebe aus der Erde kommen. In Italien dagegen bevorzugt man die grüne Spielart. Dabei handelt es sich um Spargelstangen, die bereits aus dem Boden herausgewachsen sind. Durch den Lichteinfall können diese Spargelstangen Chlorophyll speichern und erhalten dadurch eine bläulich-grüne Farbe. Beim Einkauf von weißem und grünem Spargel gilt gleichermaßen: Die Stangen sollten fest aussehen und Saft absondern, wenn man sie mit dem Fingernagel leicht einritzt. Die Spitzen sollten fest geschlossen sein.

Vorbereitung: Weißen Spargel großzügig schälen und die unteren Enden abtrennen. Bei grünem Spargel genügt es in der Regel, die harten unteren Enden abzutrennen. Besonders dicke Stangen sollten Sie jedoch auch schälen. Anders als der feine weiße Spargel wird grüner Spargel selten pur gegessen, sondern bildet in der Regel einen Bestandteil von Pastasaucen, Gemüsesuppen und Salaten.

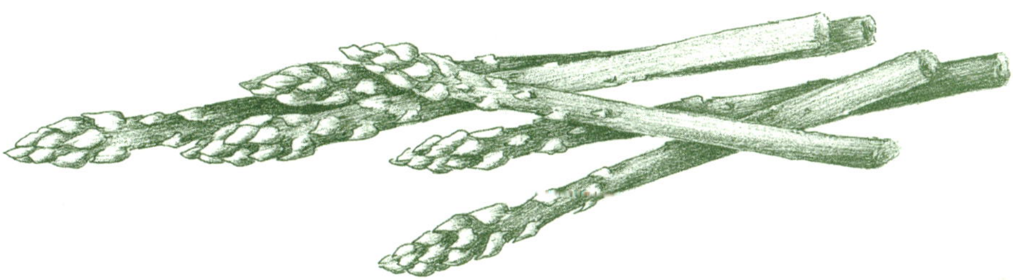

Minestra con gli asparagi
Sizilianische Spargelsuppe

Zutaten für 4 Personen:
1 kg grüner Spargel, Salz und Pfeffer, 100 g kleine und kurze Nudeln, die sich als Suppeneinlage eignen, z. B. Avemarie, geriebener Pecorino zum Servieren

Spargelstangen wie beschrieben putzen, dann in mundgerechte Stücke schneiden, die Spitzen dabei ganz lassen. Spargelstückchen mit gut einem Liter Salzwasser aufsetzen und darin bißfest garen. Die zarten Spitzen erst später dazugeben, damit sie nicht zerkochen.
Die Nudeln in einem zweiten Topf al dente garen und abgießen. Sobald der Spargel gar ist, die Nudeln in die Suppe geben und wieder heiß werden lassen. Herzhaft mit Salz und Pfeffer abschmecken. Die Minestra auf Teller verteilen und mit einer großzügigen Portion geriebenem Pecorino bestreuen. Heiß servieren.

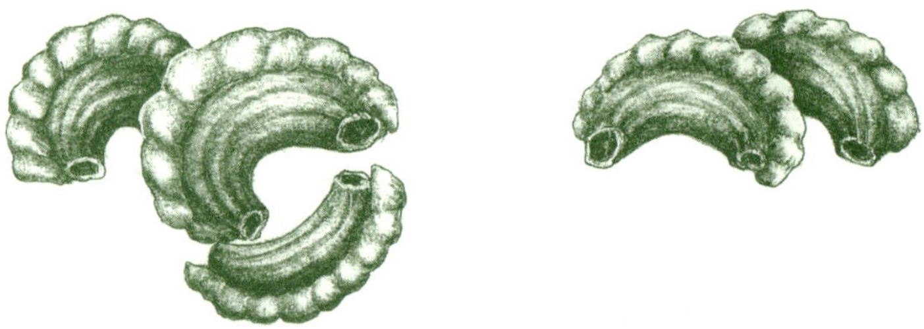

Bigoli con gli asparagi
Bigoli mit Spargelsauce

Dieses Rezept stammt aus Umbrien, wo man bisweilen noch wilden Spargel entdecken kann. In früheren Zeiten wurden Spargelgerichte nur mit ihm zubereitet. Heute wird man sich mit der Ware aus dem Gemüseladen begnügen müssen.
»Bigoli« sind etwas dickere und festere Fadennudeln. Wenn Sie diese Nudelsorte bei Ihrem italienischen Feinkosthändler nicht bekommen, können Sie sie durch Spaghetti ersetzen oder aus einem einfachen Teig aus 400 g Mehl, etwas Wasser und Salz selber herstellen. Den Teig zu groben Schnüren rollen und kurz trocknen lassen.

Zutaten für 4 Personen:
250 g grüner Spargel, 1 gehackte Knoblauchzehe, 4 EL gehackte Petersilie, 2 EL Olivenöl, 400 g reife Tomaten, gewürfelt, Salz, 400 g Bigoli (ersatzweise Spaghetti)

Den Spargel putzen und nach Bedarf schälen. In 3–4 Zentimeter lange Stücke schneiden und beiseite stellen.
Knoblauch und Petersilie in Olivenöl andünsten. Nach knapp 5 Minuten die Spargelstückchen hinzufügen und andünsten, bis sie leuchtend grün aussehen und glänzen. Die Tomatenwürfel dazugeben und heiß werden lassen. Salzen und zugedeckt 20 Minuten leise köcheln lassen.
Die Bigoli in sprudelndem Salzwasser al dente garen. Abgießen und mit der Spargelsauce anrichten.

Variation: In Apulien bereitet man eine ähnliche Version dieser Spargelsauce zu. (Wilder) Spargel und Tomaten werden da noch mit geriebenem Pecorino und Parmesan und verquirlten Eiern angereichert.

Risotto con gli asparagi
Spargelrisotto

Zutaten für 4 Personen:
500 g weißer Spargel, 1 Zwiebel, sehr fein gehackt, 1 Selleriestengel, sehr fein gewürfelt, 2 EL Butter, 3 EL Olivenöl, 1 1/4 l heiße Gemüsebrühe, 360 g Risottoreis, 100 ml trockener Weißwein, 1 TL Tomatenmark, 2 EL Sahne, 4 EL geriebener Grana oder Parmesan

Spargel putzen und schälen. Die zarten Spargelköpfe abtrennen und beiseite stellen, die Stangen in mundgerechte Stücke schneiden.
Zwiebel und Sellerie in einem Eßlöffel Butter und dem Öl weich dünsten. Die Spargelstückchen (ohne Köpfe) hinzufügen und einige Minuten mitdünsten. Ab und zu einen Schuß heiße Gemüsebrühe hinzufügen.
Nun den Reis in den Topf rieseln lassen und unter ständigem Wenden glasig rösten. Mit Weißwein ablöschen. Sobald der Wein eingekocht ist, eine Kelle Brühe angießen und einkochen lassen. Erneut Brühe hinzugießen und wieder einkochen lassen. Den Reis nach diesem Verfahren al dente garen (rund 20 Minuten).
Das Tomatenmark mit etwas Brühe glattrühren und den Reis damit zartrosa einfärben. Wenige Minuten vor Ende der Garzeit die Spargelköpfe hinzufügen und mit dem Risotto bißfest garen.
Zum Schluß die Sahne, die restliche Butter und den geriebenen Käse einarbeiten. Risotto vom Herd nehmen und vor dem Servieren 2–3 Minuten ruhen lassen.

Riso con crema di asparagi
Reis mit Spargelcreme

Zutaten für 4 Personen:
800 g grüner Spargel, 1 Knoblauchzehe, 4 EL Olivenöl, 1 EL Tomatenmark, 50 ml kräftiger, trockener Rotwein, Salz und Pfeffer, 400 g Risottoreis (vorzugsweise Vialone), 1 EL Butter

Den Spargel putzen und wenn nötig schälen. Die Spitzen abtrennen, die Stangen beiseite stellen.
Knoblauch schälen, zerstoßen und in Olivenöl andünsten. Die Spargelspitzen hinzufügen und kurz mitdünsten, bis sie rundum glänzen. Das Tomatenmark, das mit etwas Wasser glattgerührt wurde, und den Wein hinzufügen. Salzen und pfeffern. Zugedeckt auf kleiner Flamme schmurgeln lassen, bis eine cremige Sauce entsteht. Nach Bedarf mit etwas warmem Wasser verflüssigen.
Während die Sauce köchelt, die Spargelstangen klein schneiden und in Salzwasser auskochen. Das Spargelwasser durch ein Sieb in einen zweiten Topf gießen. Den Reis in diesem Spargelwasser al dente garen. Abgießen und mit der Spargelcreme überziehen. Mit Butter verfeinern und zu Tisch bringen.

Frittata con gli asparagi
Spargelfrittata

Zutaten für 4 Personen:
1 kg grüner Spargel, Salz und Pfeffer, 6–8 Eier, 4 EL geriebener Pecorino, 4 EL gehackte Petersilie, 4 EL Olivenöl

Den Spargel putzen und nach Bedarf schälen. Die Spitzen abtrennen und beiseite stellen. Die Stangen in mundgerechte Stücke schneiden, 3 Minuten in sprudelndem Salzwasser blanchieren, abgießen und unter kaltem Wasser abschrecken. Gut abtropfen lassen.

Inzwischen die Eier verquirlen. Pecorino und Petersilie hinzufügen, salzen und pfeffern. Nun auch den gut abgetropften Spargel (wenn nötig mit Küchenpapier trockentupfen, damit die Frittata nicht verwässert) unterheben.
Die Frittata nach der Anleitung im Grundrezept auf Seite 280 goldbraun braten und heiß servieren.

Asparagi al formaggio
Spargelauflauf

Zutaten für 4 Personen:
2 kg grüner Spargel, Salz und Pfeffer, 2 EL Butter, 120 g geriebener Parmesan, 200 g Fontinakäse in Scheiben, 200 g Sahne

Spargel putzen und nach Bedarf schälen. Die Spargelstangen in reichlich Salzwasser bißfest garen. Herausheben und abtropfen lassen.
Backofen auf 200 Grad vorheizen und eine Auflaufform buttern. Eine Lage Spargelstangen in die Form schichten, kräftig salzen und pfeffern. Mit etwas Parmesan bestreuen und mit Fontinascheiben belegen. Etwas Sahne darüber träufeln. Wie beschrieben fortfahren, bis alle Zutaten aufgebraucht sind. Die restliche Butter in Flöckchen obenauf setzen. In den heißen Backofen schieben und rund 10 Minuten überbacken.

Variation: Dieses Rezept stammt aus dem Aostatal, wo man viele Aufläufe gerne mit Käse und Schinken kombiniert. Wenn Sie sich nicht rein vegetarisch ernähren, können Sie diesen Auflauf mit ein paar Scheiben gekochtem Schinken oder zartem, luftgetrockneten Aostataler Schinken, den Sie mit dem Fontina in die Form schichten, anreichern.

Carciofi – Artischocken

Die Artischocke ist der Blütenkopf einer Distelart, die in Nordafrika beheimatet ist. Der Stiel, der Blütenboden und der untere, etwas fleischigere Teil der Blütenhüllblätter sind eßbar und gelten wegen ihres feinen, zartbitteren Geschmacks als Delikatesse. Artischocken werden in Italien, Frankreich und Kalifornien als Wintergemüse angebaut.

Vorbereitung: Den Artischockenstiel unterhalb des Blütenkopfes abtrennen. Der Stiel ist eßbar und kann geschält in Gemüsesuppen o. ä. geschnitten werden.
Die groben äußeren Blütenblätter ablösen, das obere Drittel des Blütenkopfes abschneiden. Das haarige Innenleben der Artischocke (falls vorhanden) mit einem Löffel ausschaben und wegwerfen. Den Blütenboden nach Rezept zurechtschneiden und sofort in mit Zitronensaft gesäuertes Wasser legen, damit er sich nicht braun verfärbt.

Lasagne ai carciofi alla Vicentina
Artischockenlasagne nach der Art von Vicenza

Zutaten für 4 Personen:
1 Zwiebel, gehackt, 2 Knoblauchzehen, gehackt, 50 g Butter, 3 EL Olivenöl, 8 Artischocken, geputzt und in kleine Happen geschnitten, 1 Thymianzweig, Salz und Pfeffer, 50 ml trockener Weißwein, 12 Lasagneblätter, 250 ml Béchamelsauce (siehe Grundrezept Seite 278), 100 ml Sahne, 6 EL Paniermehl, 4 EL geriebener Parmesan

Zwiebel und Knoblauch in etwas Butter und dem Olivenöl andünsten. Die Artischockenstückchen hinzufügen. Mit Thymian, Salz und Pfeffer würzen. 2–3 Minuten unter ständigem Wenden andünsten. Mit Weißwein ablöschen und zugedeckt 15–20 Minuten leise schmoren lassen.
Inzwischen die Lasagneblätter in sprudelndem Salzwasser knapp vorkochen. Herausheben und auf feuchten Küchentüchern ausbreiten, damit sie nicht verkleben.
Backofen auf 200 Grad vorheizen und eine Auflaufform buttern. Eine Lage Lasagneblätter einschichten. Mit einem Hauch Béchamelsauce bestreichen, dann die Hälfte der Artischocken, Sahne und Paniermehl darüber verteilen. Mit einer Lage Lasagne abdecken und die restlichen Zutaten einfüllen. Mit den letzten Lasagneblättern abschließen. Béchamelsauce und ein paar Butterflöckchen darüber geben. Im heißen Backofen 25–30 Minuten überbacken. Form eventuell nach 20 Minuten mit Alufolie abdecken. Vor dem Anschneiden 5 Minuten ruhen lassen.

Pasta al sugo di carciofi
Pasta mit Artischockensauce

Für diese ebenso einfache wie raffinierte Sauce aus Ligurien eignen sich praktisch alle Nudelsorten. Besonders fein schmeckt hierzu natürlich hausgemachte Pasta wie zum Beispiel Tagliatelle all'uovo (siehe Rezept auf Seite 277).

Zutaten für 4 Personen:
1 Zwiebel, gehackt, 1 Knoblauchzehe, gehackt, 3 EL Olivenöl, 4 Artischocken, geputzt und in kleine Stücke geschnitten, 50 ml trockener Weißwein, Salz und Pfeffer, 360 g Pasta nach Wahl, 4 EL gehackte Petersilie zum Garnieren

Zwiebel und Knoblauch in Olivenöl weich dünsten. Die Artischockenstückchen hinzufügen und 1–2 Minuten unter ständigem Wenden anschwitzen. Mit Weißwein ablöschen und zugedeckt etwa 20 Minuten weich garen. Mit Salz und Pfeffer abschmecken.
Während die Artischocken garen, die Pasta in Salzwasser al dente kochen. Abgießen und mit der Sauce anrichten. Mit der Petersilie bestreuen und zu Tisch bringen.

Ravioli di carciofi
Artischockenravioli

Für den Teig:
300 g Mehl, 1 Prise Salz, 3 Eier

Für die Füllung:
4 EL Olivenöl, 1 Knoblauchzehe, gehackt, 1 Zwiebel, gehackt, 6 Artischocken, geputzt und fein gehackt, Salz und Pfeffer, 4 EL gehackte Petersilie, 4 EL geriebener Parmesan, 100 g Ricotta, 1 EL frische Majoranblättchen, 3 EL Paniermehl

Für die Füllung das Öl in einer Pfanne erhitzen. Knoblauch und Zwiebel darin weich dünsten. Die Artischockenstückchen hinzufügen, salzen und pfeffern. Zugedeckt ca. 20 Minuten leise garen. Vom Herd ziehen, die Petersilie untermischen und erkalten lassen.
In der Zwischenzeit aus den angegebenen Zutaten einen Nudelteig herstellen (sehen Sie sich dazu auch die Anleitung auf Seite 277 an). Den Teig zu einer Kugel rollen, abdecken und kurze Zeit ruhen lassen.
Das Artischockengemüse nun mit Parmesan, Ricotta, Majoran und Paniermehl zu einer glatten Füllmasse verarbeiten. Mit Salz und Pfeffer abschmecken.
Den Nudelteig portionsweise ausrollen. Den Rest mit Folie oder Küchentüchern abdecken und feucht halten. Rechtecke mit ca. 4 x 8 Zentimeter Kantenlänge ausrädeln. Die Füllung auf die eine Seite der Teigflecken setzen. Die andere Hälfte darüberklappen und an den Rändern gut festdrücken. Darauf achten, daß keine Luftblasen entstehen. Die Ravioli in Salzwasser sanft sprudelnd garen.

Reichen Sie zu diesen Ravioli entweder eine leichte Tomatensauce oder zerlassene Butter und Parmesan.

Sformato freddo di carciofi
Artischockenterrine

Der Einfluß der französischen Küche ist bei dieser Köstlichkeit aus Piemont unverkennbar. In Piemont serviert man dazu meist eine Paprikasauce (siehe Seite 14), auch Kapernsauce paßt gut dazu.

Zutaten für 4 Personen:
15 Artischocken, geputzt und in Spalten geschnitten, Salz und Pfeffer, 4 Eier, leicht verquirlt, 4 EL geriebener Parmesan, 200 g Ricotta, 100 ml Milch, 1 Prise frisch geriebener Muskat, Butter und Mehl für die Form

Die Artischockenspalten in Salzwasser blanchieren. Abgießen, kalt abschrecken und abtropfen lassen. Durch die Gemüsemühle passieren und mit Eiern, Parmesan und Ricotta zu einer gleichmäßigen Masse verarbeiten. Nach und nach die Milch unterrühren. Zum Schluß mit Salz und Pfeffer und Muskat abschmecken.
Eine ringförmige Puddingform buttern und mit einem Hauch Mehl ausstreuen. Die Artischockenmasse einfüllen. Im Wasserbad garen, bis sich die Masse setzt.
Dazu die Puddingform am besten in eine größere Form stellen und bis auf halbe Höhe Wasser angießen. In den 180 Grad heißen Backofen schieben und fest werden lassen (ca. 60 Minuten). Terrine erkalten lassen und auf eine Servierplatte stürzen.

Torta salata di carciofi
Salziger Artischockenkuchen

Dieser Kuchen aus Kalabrien war früher ein ausgesprochenes Sparrezept. Man verwendete dafür die harten Blätter der Artischocken, die bei anderen Zubereitungen als Abfall anfielen. Heute macht man diese Torta salata natürlich mit den zarten Artischockenböden. Sie können auch die Stiele schälen und mitverwenden.

Für den Teig:
1 Hefewürfel, 250 ml lauwarmes Wasser, 500 g Mehl, 1/2 TL Salz, 3 EL Olivenöl

Für die Füllung:
8 Artischocken, Salz und Pfeffer aus der Mühle, 200 g milder Schafskäse, 4 EL gehackte Petersilie

Die Hefe im lauwarmen Wasser auflösen. Das Mehl in eine Schüssel sieben und in der Mitte eine Vertiefung formen. Die Hefemi-

schung, das Salz und zwei Eßlöffel Öl hineingeben. Vom Rand her etwas Mehl über diese Mischung häufen. Abdecken und an einem warmen Ort 30 Minuten gehen lassen.
Den Vorteig nun 5 Minuten mit den Händen kräftig durchkneten. Zu einer Kugel rollen, in eine Schüssel legen und rundum mit Olivenöl bepinseln. Abdecken und 30 Minuten gehen lassen.
Während der Vorteig bzw. Teig geht, die Artischocken wie in der Einleitung beschrieben putzen und in Salzwasser garen (ca. 20 Minuten). Abgießen, gut abtropfen lassen und durch die Gemüsemühle passieren. Dieses Püree mit Schafskäse und Petersilie vermischen. Salzen und pfeffern.
Den Backofen auf 200 Grad vorheizen und eine runde Kuchenform einölen.
Den Hefeteig noch einmal durchkneten und halbieren. Den Boden und die Wände der Kuchenform mit einer Teighälfte auskleiden. Die Artischockenmasse einfüllen. Die zweite Teighälfte ausrollen und als Deckel auf den Kuchen setzen. Die Ränder gut versiegeln. Im heißen Ofen 30–40 Minuten goldbraun backen.

Frittata di carciofi
Artischockenfrittata

Die Kombinationsmöglichkeiten für Frittata sind praktisch unbeschränkt: Käse, Gemüse, Pasta oder – wenn Sie sich nicht rein vegetarisch ernähren – auch Schinkenreste oder Salamibrät lassen sich auf diese Weise immer wieder zu einem interessanten Antipasto oder einem leichten Mittagessen zusammenstellen. Hier eine aparte Version mit frischen Artischocken (Artischockenherzen aus der Dose genügen in diesem Fall übrigens auch).

Zutaten für 4 Personen:
4 EL Olivenöl, 6 Artischocken, geputzt und in mundgerechte Stücke geschnitten, 120 g frische Pilze, blättrig geschnitten, 1 Knoblauchzehe, gehackt, Salz und Pfeffer, 100 g altbackenes Weißbrot ohne Rinde, 6 Eier, 1 EL frische Majoranblättchen

Das Olivenöl in einer Pfanne erhitzen. Die vorbereiteten Artischocken, Pilze und Knoblauch hineingeben und ein paar Minuten auf lebhafter Flamme andünsten. Die Wärmezufuhr drosseln, das Gemüse leise weich garen. Salzen und pfeffern.
Während das Gemüse gart, das Weißbrot kurz in lauwarmem Wasser einweichen.
Die Eier verquirlen, salzen und pfeffern. Das Weißbrot aus dem Wasser heben, ausdrücken und grob zerpflücken. Zusammen mit dem Majoran unter die Eier rühren. Die Eimasse nun über die Artischocken gießen und wie im Grundrezept auf Seite 280 beschrieben fertigbraten.

Cardi – Karden

Karden, manchmal auch Kardonen genannt, sind die Stengel einer den Artischocken verwandten Distelart. Anders als bei den Artischocken werden in diesem Fall nicht die Blüten, sondern die dickfleischigen Blattstiele verzehrt. Karden bekommen Sie vermutlich nur bei südeuropäischen Gemüsehändlern. Nehmen Sie Stengel mit noch knackig-frischen Blättern und möglichst wenig Dornen.

Vorbereitung: Die Blätter abtrennen. Die Stiele schälen und in Stücke schneiden. Diese Stücke sofort in mit Zitronensaft gesäuertes Wasser legen, damit sie sich nicht braun verfärben.

Cardi all'abruzzese
Karden süß-sauer

Zutaten für 4 Personen:
1 kg Karden, Salz, 4 EL Olivenöl, 1 EL Butter, 1 EL Mehl, 200 g Sahne, 1 EL Zucker, 2 EL Weißweinessig, 30 g Rosinen, 50 g Pinienkerne

Karden putzen und in 5–6 Zentimeter lange Stücke schneiden. In Salzwasser bißfest garen. Abgießen und abtropfen lassen.
Öl und Butter in einer Pfanne erhitzen. Die Karden hineingeben und rundum andünsten. Mit Mehl überstäuben und mit Sahne übergießen.
Den Zucker in Essig auflösen und in die Kardenpfanne rühren. Zum Schluß auch Rosinen und Pinienkerne hinzufügen. Mit Salz abschmecken und noch 2–3 Minuten durchköcheln lassen. Warm als Beilage servieren.

Cardi alla parmigiana
Karden mit Parmesankruste

Zutaten für 4 Personen:
1 kg Karden, Salz, 3 EL Butter, 6 EL Paniermehl, 120 g geriebener Parmesan

Karden wie beschrieben putzen und zurechtschneiden. In Salzwasser knapp al dente garen. Abgießen und gründlich abtropfen lassen.
Backofen auf 190 Grad vorheizen und eine Auflaufform buttern. Eine Lage Karden einschichten und mit Paniermehl und Parmesan bestreuen. Ein paar Butterflöckchen darüber verteilen. Wie beschrieben fortfahren, bis alle Zutaten aufgebraucht sind. In den heißen Ofen schieben und etwa 30 Minuten goldbraun überbacken. Heiß servieren.

Tip: Nach diesem Rezept können Sie auch Zucchini (längs halbieren oder in Scheiben schneiden), gedünsteten Blattspinat oder Fenchel zubereiten.

Uova con i cardi
Kardenauflauf mit pochierten Eiern

Zutaten für 4 Personen:
800 g Karden, Salz, Mehl zum Wenden, 50 ml Olivenöl, 3 EL Butter, 80 g geriebener Parmesan, 3 EL Essig, 8 Eier

Die Karden wie auf Seite 66 beschrieben putzen und in 10–12 Zentimeter lange Stücke schneiden. In reichlich Salzwasser knapp al dente garen, abgießen und gut abtropfen lassen.
Die Karden mit Küchenpapier abtupfen, dann in Mehl wenden. Überschüssiges Mehl abklopfen.
Das Öl in einer Pfanne erhitzen. Die bemehlten Karden hineingeben und rundum goldbraun braten.

Backofen auf 180 Grad vorheizen und eine Auflaufform buttern. Lagenweise die gebratenen Karden, Butterflöckchen und Parmesan einschichten. Im heißen Ofen 30 Minuten backen.
Inzwischen die Eier pochieren. Dazu einen Topf Salzwasser mit Essig säuern und aufkochen lassen. Die Eier nacheinander in eine Kelle schlagen und ins Essigwasser tauchen, bis sie fest werden.
Den Kardenauflauf aus dem Ofen holen, die pochierten Eier obenauf setzen und zu Tisch bringen.

Finocchi – Fenchel

Gemüsefenchel ist der knollenförmig verdickte Stengel eines Doldenblütlers, der im Mittelmeerraum heimisch ist. In Italien verwendet man oft wilden Fenchel, der wie Unkraut an Ackerrainen und Böschungen sprießt und ungefähr mannshoch wächst. Die Knolle besitzt ätherische Öle und einen herben Geschmack, der ein wenig an Anis erinnert. Fenchel kann man roh als Salat oder gekocht als Gemüse zubereiten. Fenchelsamen, die eine angenehme verdauungsfördernde Wirkung besitzen, verwendet man in der italienischen Küche zum Würzen. Die italienische Salami Finocchiona enhält ganze Fenchelsamen.
Achten Sie beim Kauf von Fenchel auf dickfleischige und knackige Knollen mit fest geschlossenen »Blättern«.

Vorbereitung: Die grünen Stengel und die dicken äußeren Lagen entfernen. Das zarte Innere stifteln oder in schmale Spalten schneiden und 10 Minuten in kaltes Wasser legen, um etwaige Verunreinigungen, Sand und Erde zu entfernen. Abspülen und gut abtropfen lassen.

Zuppa di finocchi alla calabrese
Kalabrische Fenchelsuppe

Zutaten für 4 Personen:
800 g Fenchel mit Blattgrün, 1 1/4 l Gemüsebrühe (nach Wunsch), Salz, 2 EL Olivenöl, 2 Eier, 5 EL geriebener Pecorino, geröstete Weißbrotscheiben

Fenchel wie beschrieben putzen und in Spalten schneiden. Das Blattgrün beiseite stellen.
Gemüsebrühe oder die entsprechende Menge Salzwasser zum

Kochen bringen. Fenchelstückchen und Blattgrün hineingeben und darin weich garen. Das Olivenöl in die Suppe rühren und vom Herd nehmen.
Die Eier mit dem Pecorino verquirlen und die heiße, aber nicht mehr kochende Suppe damit legieren.
Die Weißbrotscheiben auf Suppenschalen verteilen. Die Suppe darüber gießen und servieren.

Risotto con i finocchi
Fenchelrisotto

Zutaten für 4 Personen:
500 g Fenchel, Salz, 1 Zwiebel, 3 EL Butter, 360 g Risottoreis (z. B. Arborio oder Carnaroli), 4 EL geriebener Parmesan

Fenchel wie beschrieben putzen. Die grünen Stengel und die harten äußeren Schichten 20 Minuten in Salzwasser auskochen (Sie brauchen gut 1 l Brühe für das Risotto). In der Zwischenzeit die zarten Fenchelteile in hauchfeine Streifen schneiden und beiseite stellen.
Die Zwiebel schälen und fein hacken. Die Hälfte der Butter in einem Topf aufschäumen lassen. Die Zwiebel darin anglasen. Die Fenchelstreifen hinzufügen, salzen und auf kleiner Flamme 10 Minuten dünsten. Den Reis einstreuen und unter ständigem Wenden anrösten, bis er rundum glänzt. Eine Kelle Fenchelbrühe angießen und einkochen lassen. Wieder Brühe hinzugießen und wieder einkochen lassen. Den Reis nach dieser Methode al dente garen. Dabei darauf achten, daß der Reis nie ganz austrocknet, sondern stets von einem dünnen Film Flüssigkeit bedeckt ist.
Risotto vom Herd nehmen. Die restliche Butter sowie den Parmesan einarbeiten. Vor dem Servieren 2–3 Minuten ruhen lassen.

Rabarbaro – Rhabarber

Rhabarber gehört zu den Knöterichgewächsen und ist bereits seit dem Altertum als Arzneipflanze bekannt. Verzehrt werden nur die dickfleischigen Blattstiele, die es im Frühjahr und Frühsommer frisch zu kaufen gibt. Sie sollten prall und saftig aussehen und Saft absondern, wenn man sie mit dem Fingernagel einritzt. Die Blätter sind ungenießbar.

Vorbereitung: Blättchen und harte Enden von den Stielen abtrennen. Falls vorhanden, die dicken faserartigen Fäden abziehen und dicke Stiele schälen.

Crostata dolce al rabarbaro
Rhabarberkuchen

Zutaten:
800 g Rhabarber, 100 g trockene Kekse oder Löffelbisquit, 80 g Rosinen, 250 g Zucker, 60 g zerlassene Butter

Für den Mürbeteig:
200 g Mehl, 1 Prise Salz, 100 g Zucker, 100 g zimmerweiche Butter, 3 Eigelbe, Butter für die Form

Für den Teig Mehl, Salz und Zucker in einer Schüssel vermischen. Die Butterflöckchen, Eigelbe und Salz hinzufügen und rasch mit den Fingerspitzen oder mit zwei Messerklingen zu einem Teig verarbeiten. Zur Kugel rollen und etwa eine Stunde kühl stellen. Inzwischen den Rhabarber wie beschrieben putzen, schälen und klein schneiden. Den Boden eines Topfs mit einem Hauch Wasser bedecken. Rhabarberstückchen hineingeben und 7–8 Minuten leise dünsten und Saft ziehen lassen.

Kekse oder Löffelbiskuit in eine Schüssel krümeln und mit etwas Rhabarbersaft anfeuchten. Mit Zucker, Rosinen und zerlassener Butter zu einer gleichmäßigen Masse verarbeiten.
Backofen auf 180 Grad vorheizen und eine Springform (24–26 cm) buttern. Boden und Rand der Form mit dem Teig auskleiden. Die Rhabarberstückchen einfüllen und mit der Keksmasse abdecken. 45 Minuten im vorgeheizten Backofen backen. Sie können den Kuchen lauwarm oder kalt servieren.

Erbe, caperi e olive

KRÄUTER, KAPERN UND OLIVEN

Erbe, caperi e olive
Kräuter, Kapern und Oliven

Wenn Sie in Italien Urlaub machen, können Sie bei einem Spaziergang in der Küstenlandschaft Liguriens, auf Sardinien oder in den Hügeln Umbriens Kräuter sammeln: duftendes Basilikum, aromatischer Salbei, Myrte und Rosmarin wachsen dort wild und – wenn Sie Glück haben – auch fern von Autobahnen oder überdüngten Feldern. Wieder zu Hause, ziehen Sie sich die Kräuter, die Sie häufig benötigen, am besten auf der Fensterbank und kaufen die übrigen Sorten bei einem zuverlässigen Händler. Die meisten Gewürzkräuter lassen sich gut trocknen, so daß Sie auch in den Wintermonaten, wenn frische Kräuter schwer erhältlich und teuer sind, sonnige Aromen in Ihrer Küche verarbeiten können. Getrocknete Kräuter sind wesentlich intensiver im Geschmack, so daß Sie dann nur die halbe Menge benötigen. Für Bratenfleisch, das Sie mit einer Kräuterkruste umgeben wollen, oder für einen kräftigen Tomatensugo sind getrocknete Kräuter sogar besser geeignet als frische, weil sie die langen Garzeiten bei hohen Temperaturen wesentlich besser überstehen und auch nicht an Aroma verlieren.

Bisciarello
Kräuterstrudel

Zutaten:
600 g Leimkraut oder gemischte Kräuter mit großen Blättern (z. B. zarte Brennesselblätter, Borretsch, Liebstöckel, auch junger Blattspinat, Rucola usw.), 2 Knoblauchzehen, 100 ml Olivenöl, Salz und Pfeffer, 300 g Mehl, 4 EL geriebener Pecorino

Die Kräuter waschen und verlesen, dann mit dem Wasser, das vom Waschen noch an den Blättern haftet, in einen Topf geben und zusammenfallen lassen. Herausheben, gut abtropfen lassen und mit den Händen die restliche Flüssigkeit herauspressen.
Den Knoblauch schälen und zerstoßen und in 4–5 Eßlöffel Olivenöl hellgelb braten. Die Kräuter hinzufügen und auf kleiner Flamme rund 10 Minuten dünsten. Salzen und pfeffern, vom Herd nehmen und eine Stunde durchziehen lassen.
Inzwischen den Teig vorbereiten. Das Mehl mit einer Prise Salz vermischen. 2 Eßlöffel Öl und portionsweise lauwarmes Wasser hinzufügen, bis ein glatter und elastischer Teig entsteht. Den Teig auf Backtrennpapier ausrollen.
Backofen auf 180 Grad vorheizen und ein Backblech mit Öl bepinseln.
Die Kräuter mit Pecorino vermischen und abschmecken. Auf dem Teig verteilen, dann das Ganze mit Hilfe des Papiers zu einem Strudel aufrollen. Auf das Blech setzen und 30 Minuten im heißen Ofen goldgelb backen. Aus dem Ofen holen und etwas abkühlen lassen. Temperiert oder zimmerwarm servieren.

Variation: Der Strudel schmeckt auch mit einer Füllung aus gedünstetem Mangold oder Blattspinat ausgezeichnet.

Alloro – Lorbeer

Seit der Antike gilt Lorbeer als Symbol für Sieg und Ruhm. Für die Küche verwendet man die lederartigen Blätter des immergrünen Echten Lorbeerbaumes (es gibt auch giftige Arten). Frische Blätter glänzen dunkelgrün und enthalten ätherische Öle, die für das außergewöhnlich intensive Aroma verantwortlich sind. In unseren Breiten werden die Blätter fast immer nur getrocknet angeboten. Absolut trocken und luftdicht gelagert, behalten sie ihre Würzkraft über einen verhältnismäßig langen Zeitraum.

Pancotto con l'alloro
Brotsuppe mit Lorbeer

Wild wachsende Kräuter und Gewürze waren stets umsonst zu haben und sind daher fester Bestandteil der sogenannten Arme-Leute-Küche. Im klimatisch begünstigten Italien entstanden auf diese Weise aus armseligen Resten wie altbackenem Brot und ein wenig Käse hoch aromatische Spezialitäten.

Zutaten:
4 EL Olivenöl, Salz, 4 Lorbeerblätter, 500 g altbackenes Weißbrot, 5–6 EL geriebener Pecorino

Einen Liter Wasser mit Olivenöl, einer Prise Salz und Lorbeer zum Kochen bringen. Sobald das Wasser kocht, das grob zerpflückte Weißbrot hineintauchen und weich werden lassen. Den geriebenen Pecorino hinzufügen und abschmecken. Auf Suppenschalen verteilen und servieren.

Basilico – Basilikum

Basilikum gibt es in vielen verschiedenen Spielarten. Hellgrün, dunkelgrün oder gar violett leuchten die Blätter, die je nach Sorte eine rundliche, lanzettliche oder spitz zulaufende Form besitzen. Ihr stets intensives Aroma fällt je nach Sorte und Bodenqualität frisch oder würzig aus. Inzwischen werden auch Sorten mit einer deutlichen Zitronennote gezüchtet. Sie schmecken wunderbar erfrischend im Tomatensalat.

Pesto alla genovese
Basilikumpesto

Dieser ligurische Klassiker paßt zu allen Pastasorten und Kartoffelgnocchi. Ein Klecks Pesto veredelt auch eine frische Gemüsesuppe. Vor dem Anrichten den Pesto mit etwas Kochwasser der Nudeln oder mit Gemüsebrühe geschmeidig rühren.

Zutaten:
40 Basilikumblätter, 1 EL geriebener Pecorino, 4 EL geriebener Parmesan, Salz, 2 Knoblauchzehen, geschält und zerstoßen, 40 g Pinienkerne, 50 ml fruchtiges Olivenöl

Basilikum verlesen und waschen. Die Blätter trocken schütteln und eventuell mit Küchenpapier abtupfen. Zusammen mit Pecorino, Parmesan und einer Prise Salz in einen Mörser geben und zerstoßen. Nach und nach den Knoblauch und die Pinienkerne hinzufügen. Das Öl einarbeiten, bis der Pesto die gewünschte Konsistenz aufweist.

Tip: Wenn Ihnen die Zubereitung im Mörser zu umständlich ist, können Sie auch alle Zutaten auf einmal in die Küchenmaschine füllen und zur gewünschten Konsistenz pürieren. Zum Aufbewahren den Pesto in ein Schraubglas füllen und mit Öl abdichten. Basilikumpesto können Sie auch einfrieren. Dann allerdings ohne Pecorino zubereiten. Pesto auf die Eiswürfelschale des Gefriergeräts verteilen und gefrieren lassen. Mit diesen Pestowürfelchen können Sie im Winter Bohneneintöpfen oder Gemüsesuppen ein sonniges Aroma verleihen.

Spaghetti con il pesto alla toscana
Spaghetti mit Walnußpesto

Zutaten für 4 Personen:
120 g (sardischer) Pecorino, gerieben, 100 g Walnußkerne, grob gehackt, 2–3 dicke Büschel Basilikum, verlesen, Salz, 50 ml Olivenöl, 360 g Spaghetti

Pecorino, Walnüsse, Basilikum und Salz im Mörser oder in der Küchenmaschine zu einer Paste zerstoßen. In eine Schüssel umfüllen und nach und nach das Olivenöl einrühren.
Die Spaghetti in reichlich Salzwasser al dente garen. Eine Kelle Kochwasser abschöpfen und beiseite stellen. Spaghetti abgießen und in eine Schüssel geben. Den Pesto mit etwas Nudelwasser geschmeidig rühren und die Spaghetti gleichmäßig damit überziehen. Vermischen und auftragen.

Tip: Wenn Sie sardischen Pecorino verwenden, benötigen Sie nur wenig Salz, weil der Käse bereits sehr salzig ist. Statt Pecorino können Sie auch geriebenen Parmesan nehmen.

Pasta con il pesto alla catanese
Pasta mit Mandel-Tomaten-Pesto

Zutaten für 4 Personen:
5 Knoblauchzehen, geschält, 20 Basilikumblätter, gewaschen und verlesen, 80 g geschälte Mandeln, Salz, 50 ml Olivenöl, 200 g reife Tomaten, gehäutet, entkernt und gewürfelt, 360 g Pasta nach Wahl

Knoblauch, Basilikum und Mandeln in den Mörser oder die Küchenmaschine füllen. Salzen und zu einer groben Paste verarbeiten. In eine Schüssel umfüllen und langsam das Öl unterrühren. Zum Schluß die Tomatenwürfelchen unterheben.
Die Pasta in reichlich Salzwasser al dente garen. Abgießen und mit dem Pesto anrichten.

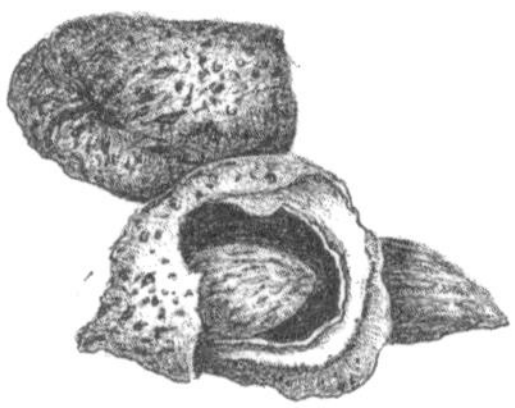

Vermicelli alla campana
Vermicelli mit Basilikumsauce

Zutaten für 4 Personen:
4 Knoblauchzehen, 50 g Weißbrot in Scheiben, 8 EL Olivenöl, 20 Basilikumblätter, gewaschen und verlesen, 1 TL frischer Oregano, 360 g Vermicelli (oder andere dünne Fadennudeln, z. B. Spaghettini), Salz und Pfeffer

Die Knoblauchzehen schälen. Zwei Zehen längs halbieren und mit der Schnittfläche die Brotscheiben einreiben. Das Brot nun grob zerpflücken.
Die dritte Knoblauchzehe in 2–3 Eßlöffeln Olivenöl andünsten. Die Brotstückchen hinzufügen und goldbraun rösten. Den Knoblauch entfernen und wegwerfen. Pfanne vom Herd ziehen.

Die vierte Knoblauchzehe im restlichen Öl goldgelb braten, dann herausnehmen und wegwerfen. Nun das grob zerzupfte Basilikum in diesem Knoblauchöl dünsten.
Die Vermicelli in reichlich Salzwasser knapp al dente garen. Abgießen und in der Basilikumpfanne schwenken. Salzen und pfeffern. Pasta auf Teller verteilen, mit dem gerösteten Brot bestreuen und servieren.

Frittata al basilico
Basilikumfrittata

Diese einfache Frittata schmeckt heiß oder zimmerwarm. Sie können nach Belieben noch mehr Basilikum und/oder Petersilie dazugeben.

Zutaten für 4 Personen:
20 Basilikumblätter, 30 g altbackenes Weißbrot ohne Rinde, 8 Eier, Salz, 4 EL geriebener Pecorino, 6 EL Olivenöl

Basilikum verlesen und waschen und mit den Händen grob zerrupfen. Das Weißbrot zerpflücken.
Die Eier in einer Schüssel verquirlen und salzen. Basilikum, Weißbrot und Pecorino hinzufügen. Alles gut vermischen.
Die Frittata nun nach einer im Grundrezept (siehe Seite 280) beschriebenen Methode auf beiden Seiten gleichmäßig bräunen.

Borraggine – Borretsch

Borretsch oder Gurkenkraut besitzt tiefblaue Blüten sowie feste und intensiv grüne Blätter. Die rauhen Blätter der Gewürz- und Gartenpflanze setzen einen gurkenähnlichen Duft frei, sobald sie zerstoßen werden. Sie enthalten viele wertvolle Mineralstoffe und werden frisch in Salaten gegessen oder wie junger Blattspinat gekocht. Auch die blauen bis violetten Blüten kann man verwenden. Sie eignen sich zum Färben und Aromatisieren von Essig und geben in jedem Blattsalat einen attraktiven Blickfang ab.

Zuppa di borraggine
Borretschsuppe

Zutaten für 4 Personen:
3 EL Olivenöl, 300 g Kartoffeln, geschält und gewürfelt, 3 Schalotten, grob gehackt, 400 g Borretschblätter, 1 scharfe rote Pfefferschote, Salz, geröstete Weißbrotscheiben

Das Olivenöl in einem Topf erhitzen. Kartoffeln und Schalotten darin andünsten, bis sie rundum glänzen. Mit eineinhalb Liter Wasser auffüllen und bei mittlerer Hitze darin weich garen (etwa 15 Minuten).
In der Zwischenzeit den Borretsch verlesen, waschen und grob hacken, die Pfefferschote entkernen und fein hacken. Beides in die Suppe rühren und die letzten 2–3 Minuten mitgaren. Herzhaft abschmecken.
Die gerösteten Weißbrotscheiben in Suppenschalen legen. Die heiße Suppe darübergießen und auftragen.

Zuppa di borraggine, lattuga e bietola
Suppe mit grünem Eierstich

Zutaten für 4 Personen:
300 g Borretschblätter, gewaschen und verlesen, 300 g Salatblätter, gewaschen und verlesen, 4 EL Olivenöl, 1 Zwiebel, gehackt, 200 g Mangold mit feinen Stielen, grob gehackt, Salz und Pfeffer, 4 Eier, 4 EL geriebener Parmesan, 1 1/2 l Gemüsebrühe

Borretsch und Salat mit dem Wasser, das vom Waschen noch an den Blättern haftet, in einen Topf geben und zusammenfallen lassen. Herausheben, gut abtropfen lassen und mit den Händen die restliche Flüssigkeit herauspressen. Das Gemüse grob hacken. Das Olivenöl in einer Pfanne erhitzen. Zwiebel und Mangold darin andünsten, dann Borretsch und Salat hinzufügen und 15–20 Minuten leise dünsten. Salzen und pfeffern. Vom Herd nehmen und abkühlen lassen.
Eier und Parmesan verquirlen und mit dem erkalteten Gemüse vermischen. Mit Salz und Pfeffer abschmecken. Diese Mischung in eine flache Schale gießen und wie einen Eierstich im Wasserbad garen. Dazu das Gefäß am besten in die Saftpfanne des Ofens setzen. Etwa zwei Fingerbreit Wasser angießen und den Eierstich bei 180 Grad fest werden lassen. Erkalten lassen, aus der Form stürzen und in mundgerechte Streifen schneiden.
Die Streifen auf Suppenteller verteilen und mit der heißen Gemüsebrühe übergießen. Nach Wunsch mit frisch gehackten Kräutern garnieren.

Menta – Minze

Seit Jahrhunderten schätzt man die Vielseitigkeit der Minze als Heil- und Würzkraut. Das kräftige Aroma wirkt belebend und erfrischend, Aufgüsse und Tees aus den getrockneten Blättern lindern Magenverstimmungen und helfen bei Erkältungskrankheiten. In der Küche setzt man hauptsächlich die frischen Blätter ein, doch auch Liköre und Sirups verleihen beispielsweise Desserts eine interessante Note.

Minestra con la menta
Römische Minzesuppe

Zutaten für 4 Personen:
4 EL Olivenöl, 1 Knoblauchzehe, fein gehackt, 1 EL frisch gehackte Minze, 1 1/2 l Gemüsebrühe (nach Wunsch), 4 EL Grieß, 2 Eier, Salz und Pfeffer

Das Olivenöl in einem Topf erhitzen. Knoblauch darin hellgelb braten. Die Minze hinzufügen und 2–3 Minuten mitdünsten. Mit Gemüsebrühe oder der entsprechenden Menge Wasser auffüllen und zum Kochen bringen. Den Grieß in die sprudelnde Flüssigkeit rieseln lassen und kräftig umrühren, damit sich keine Klümpchen bilden. 15 Minuten durchkochen. Die Eier verquirlen, in die Suppe rühren und vom Herd nehmen. Mit Salz und Pfeffer abschmecken und servieren.

Gnocchi con la menta
Minzeklößchen

Für die Gnocchi:
600 g Blattspinat, gewaschen und verlesen, 400 g Ricotta, 1 ganzes Ei und 1 Eigelb, 1/2 EL frisch gehackte Minzeblättchen, ca. 250 g Mehl, Salz

Für die Sauce:
4 EL zerlassene Butter, 4 EL geräucherte Ricotta, gerieben (siehe Anmerkung), 1 EL frisch gehackte Minze

Spinat nur mit dem Wasser, das vom Waschen noch an den Blättern haftet, in einen Topf geben und rasch zusammenfallen lassen. Herausheben, gut abtropfen lassen und mit den Händen die restliche Flüssigkeit aus den Blättern pressen.
Den Spinat fein hacken und mit Ricotta, Ei und Eigelb und der Minze vermischen. Nun das Mehl portionsweise einarbeiten, bis ein glatter, nicht zu klebriger und auch nicht zu trockener Teig entsteht. Sie brauchen je nach Beschaffenheit von Spinat und Ricotta unter Umständen etwas weniger oder mehr Mehl. Den Teig abschließend salzen. Mit zwei Teelöffeln kleine Klößchen abstechen und auf ein bemehltes Backblech setzen.
Die Gnocchi in sanft sprudelndem Salzwasser garen, bis sie an die Oberfläche steigen. Mit einem Sieblöffel herausheben und abtropfen lassen.
Auf Teller verteilen und mit zerlassener Butter, geräucherter Ricotta und der frischen Minze servieren.

Anmerkung: Geräucherte Ricotta ist nicht sehr leicht erhältlich. Nehmen Sie ersatzweise einen anderern geräucherten Käse wie Mozzarella oder Scamorza.

Spaghetti con la menta
Spaghetti mit Minzesauce

Zutaten für 4 Personen:
300 g Zwiebeln, Salz und Pfeffer, 400 g Tomatenpüree, 4 EL Olivenöl, 1 EL frisch gehackte Minzeblättchen, 360 g Spaghetti

Die Zwiebeln schälen und je nach Größe vierteln oder achteln. In Salzwasser weich garen. Abgießen und zusammen mit dem Tomatenpüree, Olivenöl, der Hälfte der Minze, Salz und Pfeffer in einen Topf geben. Auf kleiner Flamme zu einer dicklichen Sauce einkochen lassen.
Für die Spaghetti einen Topf Wasser zum Kochen bringen und salzen. Die Spaghetti zusammen mit der restlichen Minze hineingeben und al dente garen. Abgießen und mit der Tomatensauce anrichten.

Frittata con la menta e la ricotta
Frittata mit Minze und Ricotta

Zutaten für 4 Personen:
6 Eier, 100 g Ricotta, 1 EL frisch gehackte Minze, Salz und Pfeffer, 2 EL Olivenöl

Die Eier in einer Schüssel verquirlen. Die Ricotta mit einer Gabel zerpflücken und unterziehen. Mit Minze, Salz und Pfeffer abrunden.
Frittata nach der Anleitung im Grundrezept auf Seite 280 goldbraun backen.

Ortica – Brennessel

In unseren Breiten werden Brennesselblätter, wenn überhaupt, meist getrocknet und als Tee verarbeitet. Im Garten dienen sie zur Herstellung von Brennesseljauche, die hervorragend gegen Blattläuse wirkt.
Junge Brennesselblätter bieten aber auch interessante Möglichkeiten in der italienischen Küche. Man verwendet sie wie jungen Blattspinat und gibt sie ins Risotto, in Pastasaucen und Nudelfüllungen oder aber in die klassische Frittata. Die jungen Brennesselblätter enthalten viel Vitamin C, wirken entwässernd und blutdrucksenkend und besitzen einen fein säuerlichen Geschmack. Da sie noch wesentlich zarter sind als ausgewachsene Blätter, verursachen sie auch keinen unangenehmen Juckreiz. Wenn Sie wilde Brennesseln pflücken, sollten Sie aber sicherheitshalber trotzdem Handschuhe anziehen.

Spaghettini con le ortiche
Spaghettini mit Brennesselsauce

Dieses Rezept ist in seiner Einfachheit typisch für die kargen Bergregionen Kalabriens. Sie können das Gericht nach Ihrem Geschmack mit geriebenem Pecorino verfeinern.

Zutaten für 4 Personen:
800 g junge und zarte Brennesselblätter, Salz, 400 g Spaghettini, 8 EL Olivenöl, 4 EL geriebener Pecorino (nach Wunsch)

Brennesselblätter verlesen und waschen. In der Zwischenzeit einen Topf Salzwasser zum Kochen bringen. Die Spaghettini in grobe Stücke brechen und zusammen mit den Brennesseln in das sprudelnde Salzwasser werfen und darin al dente garen. Abgießen, abtropfen lassen und in eine Servierschüssel füllen. Mit Olivenöl überziehen und nach Wunsch mit geriebenem Pecorino bestreuen.

Cabiette
Zwiebel-Kartoffel-Auflauf mit jungen Brennesselblättern

Zutaten für 4 Personen:
800 g Kartoffeln, 1 kg Zwiebeln, in dünne Ringe gehobelt, 100 g Butter, 200 g zarte Brennesselblätter, 60 g Toma (siehe Anmerkung), fein gewürfelt, 200 g Roggenmehl, 2 Eier, 4 EL Paniermehl

Kartoffeln mit der Schale weich garen. Abgießen, pellen und noch heiß durch ein Kartoffeleisen pressen.
Während die Kartoffeln garen, die Zwiebelringe in 50 Gramm Butter sehr weich dünsten. Vom Herd nehmen und beiseite stellen.
Die Brennesseln waschen und circa 3 Minuten in Salzwasser blanchieren. Abgießen, gut abtropfen lassen und mit den Händen die restliche Flüssigkeit aus den Blättern pressen. Dann fein hacken und zusammen mit den Käsewürfeln unter die Kartoffeln mischen.
Das Mehl sieben und 150 Gramm davon zur Kartoffelmasse geben. Die Eier einarbeiten. Nach Bedarf das restliche Mehl hinzufügen und einen gleichmäßigen Teig herstellen.
Mit zwei Teelöffeln kleine Klößchen aus dem Kartoffelteig abstechen. Die ausgeformten Klößchen auf ein bemehltes Backblech setzen und abdecken.
Sobald alle Klößchen ausgeformt sind, in reichlich Salzwasser sanft sprudelnd garen, bis sie an die Oberfläche steigen. Mit einem Sieblöffel herausheben und abtropfen lassen.
Backofen auf 180 Grad vorheizen und eine Auflaufform buttern. Abwechselnd eine Lage Klößchen und eine Lage Zwiebelringe in

die Form schichten. Mit Butterflöckchen bedecken. Die oberste Schicht mit Paniermehl und Butter abdecken. 20–30 Minuten goldbraun überbacken. Heiß servieren.

Anmerkung: Toma wird als Weichkäse oder halbfester Käse angeboten. Wenn Sie diese piemontesische Spezialität nicht bekommen, behelfen Sie sich mit Taleggio oder einem ähnlichen Käse.

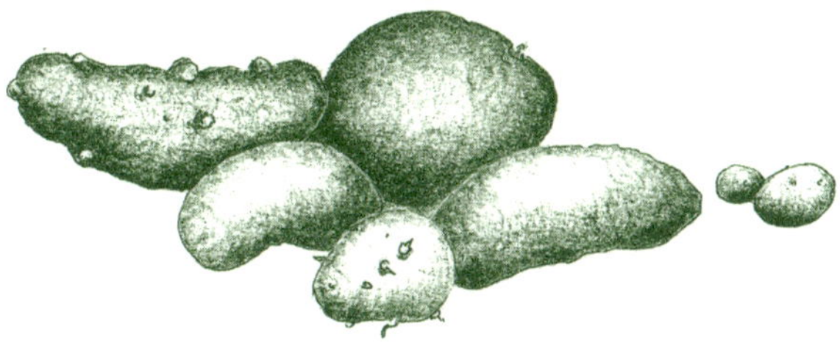

Rucola – Rauke

Der moderne Gebrauch der unglaublich würzigen Blätter hat die Grenzen zwischen Salat und Küchenkraut verwischt. Über die italienische Küche kam die längst vergessene Gartenrauke, die unsere Großeltern bereits als Kraut und Gemüse schätzten, vor einigen Jahren wieder in Mode. Kaum ein Salat oder eine Pizza sind heute ohne das Kraut denkbar, das in der Tat allen Speisen geschmackliche Finesse und interessante Tiefe verleiht.

Cavatieddi con la rucola
Muschelnudeln mit Rucola

Die muschelförmig gewölbten Cavatieddi sind in Apulien zu Hause. Sie können diese Nudeln nach dem hier beschriebenen Rezept selber machen oder durch eine muschelförmige Sorte (Conchiglie, Cavatelli oder Orecchiette) aus dem Laden ersetzen.

Für den Teig:
100 g Hartweizengrieß, 200 g Mehl, Salz

Für die Sauce:
300 g Rucola, eine schlichte Tomatensauce (siehe z.B. das nachfolgende Rezept oder Seiten 20, 22), 4 EL geriebener Pecorino

Für die Cavatieddi Hartweizengrieß und Mehl vermischen. Salz und eßlöffelweise lauwarmes Wasser hinzufügen, bis ein Teig von gleichmäßiger Konsistenz entsteht. Den Teig etwa 10 Minuten kraftvoll durchkneten.
Aus dem Nudelteig nach und nach fingerdicke Schnüre mit etwa 30 Zentimeter Länge formen. Den restlichen Teig mit einem

Küchentuch bedeckt halten, damit er nicht austrocknet. Von den Schnüren 2 Zentimeter lange Stücke abschneiden. Ziehen Sie diese Stückchen mit den Fingerspitzen über die Arbeitsfläche zu sich hin. Schlagen Sie diese Teigstückchen nun um ein dünnes Nudelholz, um ihnen die typische Wölbung zu verleihen. Die Cavatieddi leicht bemehlen und an der Luft trocknen lassen.
Die Rucola putzen und zusammen mit den Cavatieddi al dente garen. Inzwischen die Tomatensauce erwärmen. Cavatieddi und Rucola abgießen. Mit der Tomatensauce überziehen und auf Teller verteilen. Mit geriebenem Pecorino servieren.

Orecchiette con rucola e patate in salsa di pomodoro
Orecchiette mit Rucola und Kartoffeln in leichter Tomatensauce

Zutaten für 4 Personen:
Salz, 400 g Kartoffeln, geschält und gewürfelt, 400 g Orecchiette, 4 dicke Büschel Rucola, verlesen und grob zerzupft

Für die Tomatensauce:
2 Knoblauchzehen, geschält und zerstoßen, 4 EL Olivenöl, 400 g reife Tomaten, gewürfelt, 5–6 Basilikumblätter

Einen Topf Salzwasser zum Kochen bringen. Kartoffelwürfel und Orecchiette hineingeben und etwa 20 Minuten gemeinsam al dente garen. Nach den ersten 10 Minuten die Rucolablätter hinzufügen. Wieder aufkochen lassen und alles gemeinsam fertig garen.
Während die Kartoffeln garen, für die Tomatensauce den Knoblauch in Olivenöl andünsten, dann die Tomaten und das grob zerzupfte Basilikum hinzufügen. Salzen und auf kleiner Flamme 15–20 Minuten köcheln lassen.
Nudeln und Gemüse abgießen, mit der Tomatensauce anrichten und servieren.

Anmerkung: Die süditalienischen Orecchiette besitzen mit rund 20 Minuten eine verhältnismäßig lange Garzeit, die der der Kartoffelwürfel entspricht. Wenn Sie eine andere Pastasorte verwenden (es paßt praktisch jede Sorte, die das Format und die Größe der Kartoffelwürfel wieder aufnimmt, z. B. Gnocchetti, die Cavatieddi aus dem vorhergehenden Rezept oder Conchiglie), achten Sie auf die Garzeit. Die Pasta eventuell erst später zu den Kartoffeln geben.

Pancotto con rucola e patate
Apulische Brotsuppe mit frischer Rucola und Kartoffeln

Zutaten für 4 Personen:
800 g Kartoffeln, Salz und Pfeffer (nach Wunsch), 1 kg Rucola, verlesen und geputzt, 5–6 Scheiben Weißbrot vom Vortag, 1 scharfe rote Pfefferschote, gehackt, 1 Knoblauchzehe, gehackt, 50 ml Olivenöl

Kartoffeln schälen, in Scheiben schneiden und in Salzwasser weich kochen. Nach der Hälfte der Garzeit die Rucola hinzufügen und mitgaren. Zum Schluß die Weißbrotscheiben kurz hineintauchen. Rasch abgießen, damit das Brot nicht zu stark durchweicht. Diese Mischung nun in eine Servierschüssel geben und gründlich verrühren.
Pfefferschote und Knoblauch in Olivenöl andünsten und über den Pancotto träufeln. Nach Wunsch mit einer Runde Pfeffer übermahlen.

Capperi – Kapern

Kapern sind die Blütenknospen des Kapernstrauchs, der im heißen und sonnigen Klima Südeuropas gedeiht. In Italien werden Kapern meist trocken in Salz eingelegt und in großen Säcken auf Märkten verkauft. Im Supermarkt finden Sie Kapern in Salzlake, wobei man die Kapern nach ihrer Größe in verschiedene Handels- und Güteklassen einteilt. Als die feinsten gelten die Nonpareilles, die nur wenig größer als ein dicker Stecknadelkopf sind.

Vorbereitung: Kapern abspülen und abtropfen lassen, weil sie sonst zu salzig sind.

Pasta alla Pizzaiola
Spaghetti mit Tomaten-Kapern-Sauce

Zutaten für 4 Personen:
800 g Eiertomaten, gehackt, 50 ml Olivenöl, 2 Knoblauchzehen, zerstoßen, 1 Prise Oregano, 2 EL Kapern (abtropfen lassen), Salz und Pfeffer, 400 g Spaghetti

Die frischen Tomaten waschen, häuten und entkernen, dann grob hacken.
Das Öl in einer weiten Pfanne erhitzen. Den Knoblauch hineingeben und hellgelb dünsten. Dann herausfischen und wegwerfen.
Nun die Tomaten hineingeben, mit Oregano, Kapern, Salz und Pfeffer bestreuen und auf kleiner Flamme schmurgeln lassen.
In der Zwischenzeit die Spaghetti in Salzwasser al dente garen. Abgießen und mit der Tomaten-Kapern-Sauce anrichten.

Caponata con capperi e olive
Sizilianisches Mischgemüse mit Kapern und Oliven

Zutaten für 4 Personen:
600 g Auberginen, Salz, 500 g Bleichsellerie, 200 g Zwiebeln, in Ringe geschnitten, 120 g Kapern (abtropfen lassen), 200 g grüne Oliven ohne Stein, 50 g Pinienkerne, 100 ml Olivenöl, 300 g reife Tomaten, gewürfelt, 1 EL Zucker, 2 EL Weißweinessig, 10–12 Basilikumblätter

Die Auberginen putzen und würfeln. Großzügig salzen und 30–60 Minuten ziehen lassen. Danach abspülen und trockentupfen. Während die Auberginen durchziehen, die Selleriestengel putzen, auf mundgerechte Länge zurechtschneiden und 3–5 Minuten in sprudelndem Salzwasser blanchieren. Abgießen und abtropfen lassen.
Zwiebeln, Kapern, Oliven und Pinienkerne in ein wenig Olivenöl anschwitzen. Die Tomaten hinzufügen und 10 Minuten leise schmurgeln lassen. Pfanne vom Herd nehmen.
Das restliche Olivenöl in einer weiten Pfanne erhitzen und die Auberginen darin kräftig anbraten. Den Sellerie sowie die vorbereitete Tomatensauce hinzufügen und heiß werden lassen. Mit Salz, Zucker und Essig abschmecken. Gut umrühren und etwas einkochen lassen. Vom Herd nehmen und erkalten lassen. Mit den Basilikumblättern garnieren und als Gemüsebeilage servieren.

Timballo di pasta, peperoni e capperi
Nudeltimbale mit Paprika und Kapern

Zutaten für 4 Personen:
500 g Paprika, 120 g Kapern, 2 Knoblauchzehen, 6 EL Olivenöl, 6 EL Paniermehl, 100 g schwarze Oliven ohne Stein, 3–4 EL gehackte Petersilie, Salz und Pfeffer, 1 Prise getrockneter Oregano, 400 g kurze, dünne Röhrennudeln (z. B. Maccheroni mezzani)

Paprikaschoten im 200 Grad heißen Backofen rösten, bis sie bräunen und Blasen werfen. In eine Schüssel geben und 10–15 Minuten nachdämpfen lassen. Dann häuten, entkernen und in Streifen schneiden. Die Kapern abspülen und abtropfen lassen.
Eine Knoblauchzehe fein hacken und beiseite stellen. Die zweite Zehe abziehen, zerstoßen und in 4 Eßlöffeln Olivenöl goldgelb braten. Die Knoblauchzehe wieder herausfischen, das Paniermehl einstreuen und goldbraun rösten. Paprikastreifen und Kapern, Oliven, die zweite Knoblauchzehe sowie die gehackte Petersilie hinzufügen. Mit Salz, Pfeffer und Oregano würzen. 10 Minuten köcheln lassen.
Backofen auf 190 Grad vorheizen. Die Pasta knapp al dente garen, abgießen und in eine Schüssel geben. Mit einem Hauch Paprikasauce überziehen.
Eine Auflaufform mit etwas Öl einpinseln. Lagenweise Paprikasauce und Pasta in die Form schichten. Die oberste Lage mit Olivenöl beträufeln. Auflauf in den heißen Ofen schieben und rund 30 Minuten überbacken.

Olive – Oliven

Oliven sind die Steinfrüchte des Ölbaums, der im milden Klima des Mittelmeerraums gedeiht. Seit der Antike kommt dem Ölbaum eine besondere Bedeutung zu, und er gilt als Symbol für Frieden. Die bitteren Früchte kommen unreif als grüne und ausgereift als schwarze Oliven in den Handel; aufgrund ihres hohen Ölgehalts werden sie jedoch vornehmlich zu Öl gepreßt. Am wertvollsten ist das Olivenöl aus erster Pressung (natives Olivenöl extra). Es ist besonders mild und zart im Geschmack und wird daher hauptsächlich für Salate oder zum Verfeinern von bereits gekochten Speisen verwendet. Zum Kochen und Braten können Sie weniger teure Öle benützen.

Olive farcite
Gefüllte Oliven

Zutaten für 4 Personen:
160 g Paniermehl, 1/2 EL Kapern (abtropfen lassen), 4 EL gehackte Petersilie, 2 EL Öl, 600 g grüne Oliven ohne Stein, 3 Eiweiße, Öl zum Ausbacken

60 Gramm Paniermehl mit Kapern, Petersilie und Öl vermischen. Die Oliven damit füllen.
Die Eiweiße verquirlen. Die Oliven hineintauchen, abtropfen lassen und in dem restlichen Paniermehl wenden. In heißem Öl ausbacken, auf Küchenpapier abtropfen lassen und heiß servieren.

Penne alle olive
Penne in Olivensauce

Zutaten für 4 Personen:
1 Knoblauchzehe, gehackt, 1 kleine Zwiebel, gehackt, je 2 EL Olivenöl und Butter, 300 g reife Eiertomaten, geschält, 3 kleine Zucchini, in dünne Scheiben geschnitten, Salz und Pfeffer, 100 g schwarze Oliven ohne Stein, längs halbiert, 400 g Penne

Knoblauch und Zwiebel in Olivenöl und Butter anschwitzen. Tomaten und Zucchini hinzufügen, salzen und pfeffern. Zum Kochen bringen und 15–20 Minuten leise durchköcheln. Zum Schluß die Oliven unterheben und in der Sauce heiß werden lassen.
Während die Sauce köchelt, die Penne in reichlich sprudelndem Salzwasser al dente garen. Abgießen und mit der Olivensauce anrichten.

Insalata di Natale
Sizilianischer Weihnachtssalat

Zutaten für 4 Personen:
300 g Friséesalat, 300 g Bleichsellerie, 6 EL Olivenöl, Salz, 1 EL Kapern (abtropfen lassen), 50 g grüne Oliven ohne Stein, grob gehackt, je 1/2 Orange und Zitrone

Salat und Sellerie putzen und klein schneiden. Mit Öl und Salz anmachen. Die Kapern und die Oliven hinzufügen.
Orange und Zitrone schälen und in Spalten teilen; das feine Häutchen entfernen und die Spalten in mundgerechte Happen schneiden. Unter den Salat heben und noch einmal abschmecken.

Salsa a' stemperata
Sizilianische Olivensauce

Diese Sauce paßt zu Nudeln, zu kalten Speisen oder zu einer Scheibe würzigem Brot.

Zutaten für 4 Personen:
4 EL Olivenöl, 3 Knoblauchzehen, gehackt, 200 g Mohrrüben, in dünne Scheiben geschnitten, 150 g grüne Oliven ohne Stein, 80 g Kapern, 7–8 Liebstöckelblätter, gehackt, einige Minzeblättchen, gehackt, Salz und Pfeffer, 3 EL Weißweinessig

Das Olivenöl in einem Topf erhitzen. Den Knoblauch darin andünsten, dann die feingeschnittenen Mohrrüben, Oliven und Kapern sowie die Kräuter hinzufügen. Salzen und pfeffern und auf kleiner Flamme rund 10 Minuten köcheln lassen. Mit Essig ablöschen, kurz einkochen lassen und vom Herd nehmen.

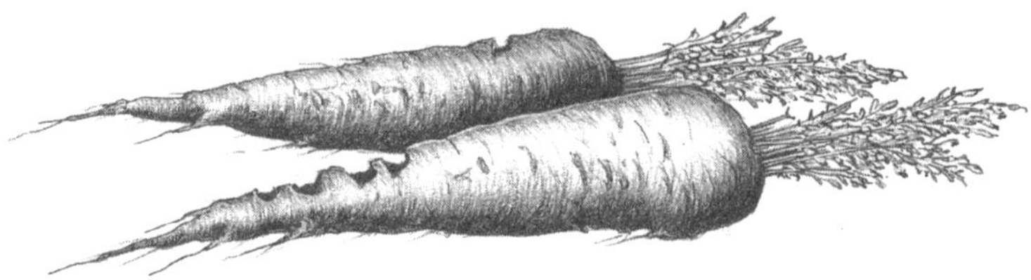

Ortaggi a foglie e cavolo

BLATTGEMÜSE UND KOHL

Bietola – Mangold

Sowohl die dickfleischigen Stiele beziehungsweise Blattrippen als auch die kernigen Blätter von Mangold sind eßbar. Je nach Verwendungszweck können Sie Sorten mit besonders fleischigen Rippen oder aber rippenarmen Mangold mit herbem Blattgrün kaufen. In der italienischen Küche schätzt man vor allem die Blätter, die ähnlich wie Blattspinat als Gemüse oder für Raviolifüllungen verwendet werden. Die breiten weißen Rippen betrachtet die italienische Küche eher als Nebenprodukt. Sie besitzen jedoch einen angenehm erdigen Geschmack und ergeben, mit Knoblauch in Butter gedünstet, ein apartes Beilagengemüse.

Vorbereitung: Die Blätter von den Stielen streifen und gründlich waschen, weil sich in den Vertiefungen viel Sand absetzen kann. Sorgfältig trocknen und grob zerteilen. Wenn Sie die breiten Mangoldrippen verwenden, diese quer in mundgerechte Streifen schneiden.

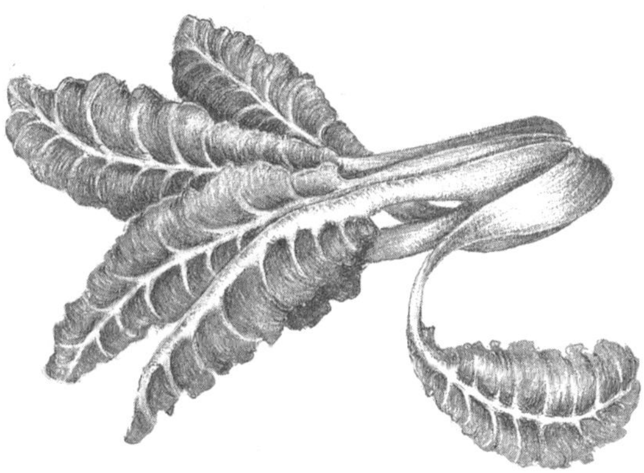

Ravioli con la bietola
Mangoldravioli

Eine leichte Tomatensauce (siehe zum Beispiel Seite 20) und geriebener Pecorino sind die klassischen Begleiter zu diesen Ravioli.

Für den Teig:
150 g Mehl und 150 g Hartweizengrieß, 4 verquirlte Eier, Salz, 1–2 EL Olivenöl (nach Wunsch)

Für die Füllung:
400 g möglichst feinstielige Mangoldblätter, gewaschen und verlesen, 400 g junger Pecorino, gerieben, 3 Eier, leicht verquirlt, 1 EL Mehl, 1 Prise frisch geriebener Muskat, 1 Portionsbriefchen Safran, Salz und Pfeffer

Mehl und Hartweizengrieß mischen und zu einem Kegel aufschütten. In die Mitte eine Vertiefung formen und die Eier mit einer Prise Salz hineingießen. Nach und nach zu einem Teig verarbeiten, nach Bedarf ein wenig Wasser oder Öl hinzufügen. Etwa 10 Minuten sorgfältig durchkneten. Zu einer Kugel formen, in Klarsichtfolie schlagen und im Kühlschrank ruhen lassen.
Inzwischen die Mangoldblätter nur mit dem Wasser, das noch vom Waschen anhaftet, in einen Topf geben und zusammenfallen lassen. Herausheben, abtropfen lassen. Mit den Händen die restliche Feuchtigkeit herauspressen, dann fein hacken. In einer Schüssel mit Pecorino, Eiern, Mehl und Gewürzen zu einer glatten Füllmasse verarbeiten.
Den Nudelteig portionsweise hauchdünn ausrollen. Den Rest abdecken, damit er nicht austrocknet. Quadrate mit 4 Zentimeter Seitenlänge ausschneiden. Die Füllung auf die Hälfte der Teigquadrate verteilen. Die andere Hälfte obenauf legen und an den Rändern gut festdrücken.
Die Ravioli in reichlich sprudelndem Salzwasser al dente garen.

Tortelli con la bietola
Mangoldtortelli

Diese Tortelli ißt man meistens mit zerlassener Butter und geriebenem Parmesan.

Für den Teig:
400 g Mehl, 2 verquirlte Eier, Salz

Für die Füllung:
350 g Mangold (mit möglichst feinen Stielen), 200 g Ricotta, 4 EL geriebener Parmesan, 1 Ei, 1 Prise frisch geriebener Muskat, Salz und Pfeffer

Das Mehl zu einem Kegel aufschütten. In die Mitte eine Vertiefung drücken und die Eier mit einer Prise Salz hineingießen. Nach und nach zu einem Teig verarbeiten, nach Bedarf 1–2 Eßlöffel Wasser hinzufügen. Den Teig 5–10 Minuten gründlich durchkneten. Zu einer Kugel formen, in Klarsichtfolie schlagen und im Kühlschrank ruhen lassen.
In der Zwischenzeit den Mangold nur mit dem Wasser, das noch vom Waschen an den Blättern haftet, in einen Topf geben und zusammenfallen lassen. Herausheben, gut auswringen und fein hacken. In eine Schüssel geben und mit Ricotta, Parmesan, Ei und Gewürzen zu einer glatten Füllmasse verarbeiten.
Den Nudelteig hauchdünn ausrollen. Quadrate mit 4 Zentimeter Seitenlänge ausschneiden. Eine kleine Portion Füllmasse in die Mitte der Teigquadrate setzen. Die Quadrate zu Dreiecken zusammenklappen und an den Rändern gut festdrücken; dabei darauf achten, daß sich keine Luftblasen bilden. Die Dreiecke mit der Spitze nach oben und der Wölbung nach außen um den kleinen Finger wickeln. Die beiden äußeren Enden fest zusammendrücken. Die ausgeformten Tortelli auf einem Küchentuch ausbreiten.
Einen großen Topf Salzwasser zum Kochen bringen. Die Pasta hineingleiten lassen und sanft sprudelnd garen. Mit einem Sieblöffel herausheben und auf Teller verteilen.

Tortelli con la bietola
Toskanische Mangoldtortelli

Für den Teig:
400 g Mehl, 2 verquirlte Eier, Salz

Für die Füllung:
500 g feinstieliger Mangold, gewaschen und verlesen, 1 Zwiebel, gehackt, 4 EL Olivenöl, Salz und Pfeffer, 4 EL geriebener Pecorino, 500 g Ricotta, 1 Ei, nach Wunsch einige frische Blättchen Bergminze, gehackt, 1 Prise frisch geriebener Muskat

Nach der Beschreibung im vorhergehenden Rezept einen Nudelteig herstellen und ruhen lassen.
Für die Füllung den Mangold nur mit dem Wasser, das noch vom Waschen an den Blättern haftet, in einen Topf geben und zusammenfallen lassen. Herausheben, gut auswringen und fein hacken. Die Zwiebel in Olivenöl anglasen. Den gehackten Mangold hinzufügen und einige Minuten auf kleiner Flamme mitdünsten. Salzen und pfeffern, vom Herd nehmen und erkalten lassen. Pecorino, Ricotta, Ei und nach Wunsch die Minze hinzufügen und zu einer gleichmäßigen Füllmasse verarbeiten. Mit Salz, Pfeffer und Muskat abschmecken.
Die Tortelli nach der Beschreibung im vorhergehenden Rezept füllen und ausformen.
In reichlich Salzwasser sanft sprudelnd garen.

Anmerkung: Zu diesen Tortelli reicht man gewöhnlich flüssige Salbeibutter und frisch geriebenen Pecorino. Etwa 50 g Butter zerlassen, 7–8 Salbeiblätter grob zerzupfen und einige Zeit in der flüssigen Butter ziehen lassen. Über die Tortelli träufeln und mit Pecorino bestreuen.
Eine einfache Tomatensauce schmeckt hierzu ebenfalls köstlich und frisch.

Frittata di bietola
Mangoldfrittata

Zutaten für 4 Personen:
800 g Mangold, 1 EL frische Majoranblättchen, 80 g geriebener Parmesan, 1 Zwiebel, fein gehackt, 4–6 Eier, Salz und Pfeffer, 4 EL Olivenöl

Die Mangoldblätter waschen und verlesen. 1–2 Minuten in sprudelndem Salzwasser blanchieren. Abgießen, sorgfältig abtropfen lassen und auswringen. Fein hacken und mit Majoran, Parmesan und Zwiebel vermischen.
Die Eier verquirlen und unter die Mangoldmasse rühren. Salzen und pfeffern.
Die Frittata nach der Anleitung im Grundrezept auf Seite 280 goldbraun backen.
Diese Frittata schmeckt heiß mit einem Salat als Beilage oder als kalte Vorspeise.

Torta salata di bietola
Mangoldkuchen

Für den Teig:
300 g Mehl, 3 EL Butter, 3 EL Olivenöl, 2–4 EL eiskaltes Wasser

Für die Füllung:
800 g Mangold mit möglichst zarten Stielen, gewaschen und verlesen, 300 g Ricotta, 120 g geriebener Grana oder Parmesan, 4 Eier, 3 EL Olivenöl, Salz und Pfeffer, Butter für die Form

Das Mehl mit Butter und Öl vermischen, bis eine krümelige Masse entsteht. Nun eßlöffelweise das Wasser hinzufügen, bis der Teig eine gleichmäßige, nicht zu trockene, aber auch nicht zu feuchte Konsistenz aufweist. Den Teig rasch zu einer Kugel rollen, in Haushaltsfolie wickeln und mindestens 30 Minuten kühl stellen.

In der Zwischenzeit den Mangold nur mit dem Wasser, das noch vom Waschen an den Blättern haftet, in einen Topf geben und zusammenfallen lassen. Herausheben, gut auswringen und grob hacken. In eine Schüssel geben und mit Ricotta und Käse, Eiern und Öl zu einer glatten Masse verarbeiten. Salzen und pfeffern.
Backofen auf 180 Grad vorheizen und eine runde Kuchenform buttern.
Den Teig in zwei ungleiche Hälften teilen. Mit der größeren Hälfte den Boden und die Wände der Kuchenform auskleiden. Dabei etwas Teig überstehen lassen. Die Mangoldfüllung in der Form verteilen. Aus der zweiten Teighälfte einen Deckel formen und über den Mangold breiten. Die Teigränder darüberklappen und gut versiegeln. Mit den Fingerkuppen ein hübsches Wellenmuster in den Rand drücken. Mit einem Messer einige Löcher in den Teigdeckel ritzen, damit der beim Backen entstehende Dampf entweichen kann.
40 Minuten im heißen Ofen backen. Heiß oder zimmerwarm servieren.

Torta salata di bietola e carciofi
Mangold-Artischocken-Kuchen

Für den Teig:
500 g Mehl, Salz, 5 EL Olivenöl, 200–250 ml Wasser

Für die Füllung:
50 g altbackenes Weißbrot ohne Rinde, 100 ml lauwarme Milch, 1 kg Mangold mit dünnen Stielen, gewaschen und verlesen, 10 Artischocken, 1 Zwiebel, in dünne Ringe gehobelt, 4 EL Olivenöl, 120 g geriebener Parmesan, 50 g zerlassene Butter, 1 EL frische Majoranblättchen, Salz und Pfeffer

Das Mehl in eine Schüssel geben und salzen. Mit Öl und Wasser nach und nach zu einem glatten Teig verarbeiten. Dosieren Sie das Wasser behutsam, damit der Teig nicht zu feucht wird. Den

Teig sorgfältig durchkneten und zu einer Kugel rollen. In Folie schlagen und ruhen lassen.
Inzwischen das Weißbrot in der warmen Milch einweichen. Den Mangold mit dem Wasser, das noch vom Waschen an den Blättern haftet, in einen Topf geben und zusammenfallen lassen. Herausheben, gut auswringen und fein hacken.
Die Artischocken putzen (siehe Beschreibung Seite 59). Die Artischockenböden in feine Streifen schneiden und zusammen mit der Zwiebel in 2 Eßlöffeln Olivenöl andünsten. Den Mangold hinzufügen und einige Minuten mitdünsten. Vom Herd nehmen und ein wenig abkühlen lassen.
Das Weißbrot sorgfältig auswringen und zusammen mit dem Parmesan, der zerlassenen Butter und dem restlichen Öl unter das Gemüse mischen. Mit Majoran, Salz und Pfeffer würzen und gründlich vermengen.
Den Backofen auf 190 Grad vorheizen und eine Kuchenform fetten.
Den Teig vierteln und zu 4 passenden Kreisen ausrollen. 2 Teigplatten auf den Boden der Form legen. Die Mangold-Artischocken-Masse darüber verteilen und mit den anderen beiden Teigplatten abdecken. 40 Minuten im heißen Ofen backen. Heiß oder zimmerwarm servieren.

Spinaci – Spinat

Die Heimat des vitamin- und mineralstoffreichen Blattgemüses ist Asien. Seit langem hat es in vielen Länderküchen Europas einen festen Platz auf dem Speiseplan. In Italien verwendet man Spinat gerne zum Füllen von Nudeltäschchen oder ißt ihn als Beilagengemüse: Die Blätter bleiben ganz und werden in Olivenöl und Knoblauch gedünstet.
Ob Sie die etwas fleischigeren Blätter des sogenannten Wurzelspinats oder zarten Blattspinat verwenden, hängt ganz von Ihrem persönlichen Geschmack ab. Kaufen Sie jedoch nur Spinat mit kräftigen und intensiv grünen Blättern. Tiefgekühlter Blattspinat ist übrigens ein guter Ersatz, wenn Sie kein frisches Gemüse bekommen. (300 Gramm Tiefkühlspinat entsprechen ungefähr 1 kg frischem Blattspinat.)

Vorbereitung: Spinatblätter sorgfältig verlesen und in kaltem Wasser waschen. In den Falten der Blätter setzt sich viel Sand ab. Gründlich ausspülen, damit der Spinat später nicht zwischen den Zähnen knirscht. Dicke und grobe Blattstengel abtrennen.

Zuppa di spinaci
Spinatsuppe

Zutaten für 4 Personen:
15 g getrocknete Steinpilze, 800 g frischer Blattspinat, 2 EL Pinienkerne, 2 EL Butter, 4 EL gehackte Petersilie, 1 gehackte Zwiebel, 1 gehackte Mohrrübe, Salz und Pfeffer, 1 l Gemüsebrühe, 3 Eigelbe, 6 EL Milch, 4 EL geriebener Parmesan, 1 Handvoll Weißbrotcroûtons

Die getrockneten Pilze 20 Minuten in lauwarmem Wasser einweichen. In der Zwischenzeit den Blattspinat waschen und verlesen. Gut abtropfen lassen. Die Pinienkerne im Mörser oder in der

Küchenmaschine zu einer Paste zerstoßen. Die Pilze aus dem Wasser heben, gut ausdrücken und fein hacken.
Die Butter in einem Topf erhitzen. Die Pilze sowie Petersilie, Zwiebel, Mohrrübe und die zerstoßenen Pinienkerne hineingeben und leise andünsten. Den Spinat hinzufügen, salzen und pfeffern. Einige Minuten unter ständigem Wenden dünsten, bis die Blätter zusammenfallen. Mit der Gemüsebrühe auffüllen und zum Kochen bringen. 8–10 Minuten durchkochen lassen.
In der Zwischenzeit Eigelbe mit Salz und Pfeffer, Milch und Parmesan verquirlen.
Die Spinatsuppe vom Herd nehmen und mit der Eimischung legieren. Zum Schluß die Croûtons unterheben. Mit Salz und Pfeffer abschmecken und servieren.

Tagliatelle verdi
Grüne Tagliatelle

Zutaten für 4 Personen:
400 g Blattspinat, 400–500 g Mehl, Salz, 2 verquirlte Eier

Blattspinat waschen und verlesen. Mit dem Wasser, das vom Waschen noch an den Blättern haftet, in eine Pfanne geben und rasch zusammenfallen lassen. Aus der Pfanne heben, kräftig auswringen und durch die Gemüsemühle passieren. Der Spinat muß wirklich sehr trocken sein, weil der Nudelteig sonst durchnäßt und sich nicht verarbeiten läßt.
400 Gramm Mehl auf einer Arbeitsfläche zu einem Kegel aufschütten. In der Mitte eine Vertiefung formen. Salz, Eier und Spinat hineingeben und nach und nach mit dem Mehl zu einem Teig verarbeiten. Die genaue Mehlmenge hängt hier stark von der Beschaffenheit des Spinats ab. Wenn der Teig sehr feucht wirkt, nach und nach das restliche Mehl einarbeiten.
Den Teig dünn ausrollen. Wenn Sie dazu eine Nudelmaschine benutzen, stets großzügig mit Mehl bestäuben, weil der Spinatteig wesentlich feuchter und dadurch klebriger ist als gewöhnlicher Nudelteig.

Mit einem Messer oder dem Schneidaufsatz der Maschine ca. 5 Millimeter breite Tagliatelle abschneiden. Auf Küchentüchern ausbreiten und eine gute Stunde trocknen lassen.
In reichlich Salzwasser al dente garen. Die frischen Nudeln sind in wenigen Sekunden fertig. Abgießen und mit einer Sauce nach Wahl oder zerlassener Butter und geriebenem Parmesan anrichten.

Variation: In der ligurischen Küche spielen frische Kräuter eine tragende Rolle. Dort macht man Tagliatelle verdi nicht nur klassisch wie hier mit Spinat, sondern nimmt auch herrlich aromatischen Borretsch (siehe Seite 82) oder junge Brennesselblätter, die ähnlich zart wie junger Blattspinat schmecken.
Tagliatelle verdi ergeben auch einen schmackhaften Auflauf. Die Nudeln in eine gebutterte Auflaufform schichten, mit zerlassener Butter, geriebenem Parmesan und Béchamel überziehen und 30 Minuten im 180 Grad heißen Ofen überbacken.

Ravioli della Val Pusteria
Pustertaler Spinattirtlen

Zutaten für 4 Personen:
1 kg Blattspinat, gewaschen und verlesen, 1 Prise gemahlener Kümmel, Salz, 250 g Roggenmehl, 250 g Weizenmehl, 1 leicht verquirltes Ei, 50 g weiche Butterflöckchen, 100 ml Milch, Öl zum Ausbacken

Spinat mit dem Wasser, das vom Waschen noch an den Blättern haftet, in einen Topf geben und rasch zusammenfallen lassen. Herausheben, gut auswringen und fein hacken. Mit Kümmel und Salz würzen.
Die beiden Mehlsorten vermischen und zu einem Kegel aufschütten. In der Mitte einen Krater formen. Das Ei und die Butterflöckchen hineingeben. Das Mehl vom Rand her einarbeiten. Dabei auch nach und nach die Milch hinzufügen, bis ein glatter und gleichmäßiger Teig entsteht.
Den Teig dünn ausrollen und in Quadrate mit ca. 5 Zentimeter

Seitenlänge zurechtschneiden. Auf die Hälfte dieser Quadrate etwas Füllung setzen. Mit den übrigen Quadraten abdecken und an den Rändern gut festdrücken. Die ausgeformten Tirtlen auf ein bemehltes Backblech setzen und abdecken.
Das Öl in einem Fritiertopf auf 180 Grad erhitzen. Die Tirtlen im heißen Öl goldbraun ausbacken. Auf Küchenpapier abtropfen lassen und heiß servieren.

Als Beilage paßt dazu ein Blattsalat.

Agnolotti alla castellana
Agnolotti mit Spinat-Ricotta-Füllung »Schloßherrin-Art«

Für den Teig:
400 g Mehl, 4 Eier, 2 EL geriebener Grana oder Parmesan, Salz

Für die Füllung:
600 g Blattspinat, verlesen und gewaschen, 800 g Ricotta, 1 Gläschen Cognac, 1 Prise frisch geriebener Muskat, Salz und Pfeffer, 50 g Butter, 200 g Fontina, gewürfelt, 5–6 Salbeiblätter, gehackt

Das Mehl zu einem Kegel aufschütten und in die Mitte eine Mulde drücken. Die Eier mit Käse und Salz verquirlen und in diese Vertiefung gießen. Wie gewohnt einen Nudelteig herstellen, zu einer Kugel formen, in Klarsichtfolie schlagen und eine Stunde ruhen lassen.
Inzwischen den Spinat mit dem Wasser, das vom Waschen noch an den Blättern haftet, in einen Topf geben und rasch zusammenfallen lassen. Herausheben, gut auswringen und fein hacken. In eine Schüssel geben.
Ricotta durch ein Sieb streichen und mit dem Spinat zu einer gleichmäßigen Masse vermischen. Mit Cognac und Gewürzen abrunden.
Den Nudelteig zu hauchdünnen, 6 x 4 Zentimeter großen Streifen ausrollen. Entlang der Längsseite in regelmäßigen Abständen

etwa haselnußgroße Portionen Spinatmasse auf die Streifen setzen. Den Nudelteig der Länge nach zusammenklappen und in den Zwischenräumen gut festdrücken. Mit einem Teigrädchen oder Ausstechförmchen die einzelnen Agnolotti abtrennen.
Die Teigtäschchen auf einem bemehlten Backblech ausbreiten und mit Küchentüchern abdecken. 2–3 Stunden trocknen lassen, dann in reichlich sprudelndem Salzwasser al dente garen.
Den Backofen auf 180 Grad vorheizen und eine Auflaufform buttern. Die restliche Butter zerlassen.
Die Agnolotti mit einem Sieblöffel aus dem Wasser heben, abtropfen lassen und abwechselnd mit Fontina und Salbei in die Form schichten. Im Ofen 10 Minuten überbacken und heiß servieren.

Torta salata di spinaci e riso
Spinat-Reis-Auflauf

Zutaten für 4 Personen:
1 kg Blattspinat, verlesen und gewaschen, 2 EL Olivenöl, 1 EL Butter, 1 Zwiebel, fein gehackt, 1 Lauchstange, fein gehackt, 200 g Reis, 1 l Gemüsebrühe, 4 Eier, 4 EL geriebener Parmesan, 1 Prise frisch geriebener Muskat, Salz, Pfeffer, Butter und Paniermehl für die Form

Spinat abtropfen lassen und fein hacken. Öl und Butter in einem Topf erhitzen. Zwiebel und Lauch darin glasig dünsten. Den Spinat hinzufügen und 10 Minuten leise mitdünsten. Den Reis einstreuen und anrösten, bis er rundum glänzt. Nach und nach die Gemüsebrühe hinzugießen und den Reis darin knapp al dente garen. Darauf achten, daß der Reis stets von einem Hauch Flüssigkeit bedeckt ist und nicht anbrennen kann. Vom Herd nehmen und leicht abkühlen lassen.
Backofen auf 180 Grad vorheizen. Eine Auflaufform buttern und mit Paniermehl ausstreuen.
Die Eier verquirlen und mit Parmesan, Muskat, Salz und Pfeffer verrühren. Unter den Reis ziehen und diese Masse in die Aufflaufform füllen. Im heißen Ofen 45 Minuten überbacken. Warm oder zimmerwarm servieren.

Cicoria – Zichorie

Mit »Cicoria« bezeichnet man in Italien ein bitteres Blattgemüse, das in seinem Aussehen ein wenig an Löwenzahn, aber auch an Friséesalat erinnert. Diese Zichorienart ist – wie der Name vermuten läßt – tatsächlich mit dem Chicorée verwandt, bei dem es sich um die im Dunkeln gezogenen Sprossen des Gemüses handelt. In Deutschland werden Sie diese »Cicoria« vermutlich nur selten bekommen. Da das Gemüse in Italien jedoch sehr beliebt ist und Sie es in einer seiner zahlreichen Spielarten vielleicht bei Ihrem nächsten Besuch in Venetien oder in der Toskana beim Gemüsehändler entdecken, führen wir hier der Vollständigkeit halber einige Rezepte auf. Nehmen Sie als Ersatz Löwenzahnblätter (es gibt Zuchtformen aus Frankreich mit großen fleischigen Blättern) oder Escariol. Manchmal dient »Cicoria« auch als Sammelbegriff für bitteres Blattgemüse, zu dem dann auch Escariol und Radicchio gehören.

Vorbereitung: Die harten unteren Blattenden entfernen. Die gezahnten Blätter gründlich in Wasser waschen.

Pasta con la cicoria catalogna
Pasta mit Zichoriengemüse

Zutaten für 4 Personen:
800 g Zichorie, Salz und Pfeffer, 2 Knoblauchzehen, 2 EL Olivenöl, 500 g Tomatenwürfel, 360 g Spaghettoni bucati (oder Maccheroni), 4 EL geriebener Pecorino

Die Zichorienblätter verlesen, waschen und in grobe Stücke reißen. In sprudelndem Salzwasser 10 Minuten garen und abgießen, um die Bitterstoffe auszuscheiden. Erneut mit Wasser aufsetzen und weich garen.

Knoblauch schälen und zerstoßen. In Olivenöl goldgelb braten, dann die Tomatenwürfel hinzufügen. Salzen und pfeffern und 15 Minuten leise köcheln lassen.
Die Spaghettoni grob zerkleinern und ins Kochwasser der Zichorie geben. Gemeinsam al dente garen und abgießen. Mit der Tomatensauce anrichten. Bei Tisch geriebenen Pecorino dazu reichen.

Cicoria selvatica e formaggio
Zichorie mit Käse

Eine raffinierte Vorspeise und in Venetien Bestandteil der traditionellen Cicheti – der kleinen Häppchen, die man zum Wein schnabuliert.

Zutaten für:
24 möglichst große Zichorienblätter (ersatzweise Radicchio), Salz und Pfeffer, 150 g Montasio oder ein anderer Schnittkäse, in Streifen, Butter für die Form, Olivenöl zum Beträufeln

Blätter waschen, trockentupfen und auf einem Küchentuch ausbreiten. Dicke Blattrippen eventuell flachklopfen, damit sich die Blätter besser aufrollen lassen. Salzen, pfeffern und mit Montasio belegen.
Die Blätter aufwickeln, mit einem Zahnstocher feststecken und in eine gebutterte Auflaufform schichten. Mit Öl beträufeln und im 180 Grad heißen Ofen ca. 15 Minuten backen. Sofort servieren.

Minestra di cicoria scarola e fagioli
Escariolsuppe mit dicken Bohnen

Zutaten für 4 Personen:
250 g getrocknete Bohnenkerne (z. B. gesprenkelte Borlotti- oder Wachtelbohnen), 1 kg Escariol, 1 Selleriestengel, 1 Knoblauchzehe, 5 EL Olivenöl, Salz und Pfeffer, nach Wunsch 4 EL geriebener Parmesan

Bohnenkerne über Nacht in Wasser einweichen. Abgießen und in einen Topf schütten. Zwei Fingerbreit mit Wasser bedecken und zum Kochen bringen. Auf kleiner Flamme in ca. 90 Minuten weich garen.
In der Zwischenzeit den Escariol verlesen und grob zerkleinern. Sellerie und Knoblauch putzen und fein hacken.
Wenn die Bohnen gar sind, das Öl in einem zweiten Topf erhitzen. Knoblauch und Sellerie darin weich dünsten. Den Escariol hineingeben und kurz anschwitzen. Die Bohnen mit ihrem Kochwasser hinzugießen und wieder zum Kochen bringen. Kräftig salzen und pfeffern und 10 Minuten köcheln lassen.
Vom Herd nehmen und auf Suppenteller verteilen. Nach Wunsch mit geriebenem Parmesan servieren.

Lattuga – Kopfsalat

Kopfsalat gibt es in zahlreichen Züchtungen das ganze Jahr über frisch im Handel. Zarter Buttersalat, knackiger Eisbergsalat, gekrauste Lollo rossa, Eichblatt- oder Bataviasalat mit hübsch gekerbten Blättern sind gesund und sehen frisch in einem gemischten Blattsalat sehr attraktiv aus. Kopfsalat wird in der italienischen Küche auch gedünstet, als Suppeneinlage oder zum Füllen von Pasta verwendet.

Vorbereitung: Unschöne Außenblätter entfernen. Für Salat die Blätter ablösen und entweder mit den Händen zerzupfen oder mit einem Messer kleinschneiden. Sorgfältig waschen und in einer Salatschleuder trocknen, damit das Wasser das Dressing nicht verwässert. Für die Kochrezepte den Strunk glatt abschneiden und die Salatköpfe halbieren oder vierteln. Achten Sie hier auf feste und möglichst eng geschlossene Köpfe, die nicht so leicht zerfallen.

Zuppa di lattuga e fagioli
Suppe mit Kopfsalat und dicken Bohnen

Zutaten für 4 Personen:
250 g getrocknete Bohnenkerne, 4 kleine Salatköpfe, 4 EL Olivenöl, 1 Selleriestengel, fein gehackt, 1 Knoblauchzehe, fein gehackt, 1 EL Tomatenmark, Salz und Pfeffer

Die Bohnen über Nacht in Wasser einweichen. Die Bohnen abgießen und in einen Topf schütten. Zwei Fingerbreit mit frischem Wasser bedecken und sanft sprudelnd weich garen (je nach Alter der Bohnen 60–90 Minuten).
In der Zwischenzeit den Salatköpfe putzen und grob zerkleinern.

Das Olivenöl in einem großen Topf erhitzen. Sellerie und Knoblauch darin andünsten. Den Salat hineingeben und zusammenfallen lassen. Die weichgekochten Bohnen mit ihrem Kochwasser hinzufügen. Das Tomatenmark mit einem Eßlöffel Bohnenbrühe glattrühren und in die Suppe gießen. Mit Salz und Pfeffer herzhaft abschmecken und servieren.

Zuppa di lattuga alla crema
Salatcremesuppe

Zutaten für 4 Personen:
20 g getrocknete Pilze, gut 1 kg Kopfsalat, Salz und Pfeffer, 1 Zwiebel, gehackt, 2 EL Butter, 1 kleines Bund Petersilie, gehackt, 1 l heiße Gemüsebrühe, 250 g Sahne, 2 EL geriebener Parmesan, 3 Eier und 1 Eigelb, 1 EL frische Majoranblättchen, 4 EL Milch, geröstete Weißbrotscheiben zum Servieren

Die getrockneten Pilze 20 Minuten in heißem Wasser einweichen. Inzwischen den Salat putzen und etwa 30 Sekunden in sprudelndem Salzwasser blanchieren. Abgießen und abtropfen lassen. Anschließend fein hacken. Die Pilze aus dem Wasser heben, abgießen und fein hacken.
Die Zwiebel in der Butter glasig dünsten. Pilze und Petersilie hinzufügen. Nun auch den Salat dazugeben und rund 5 Minuten anschwitzen. Mit der heißen Brühe auffüllen und zum Kochen bringen. Etwa 10 Minuten durchkochen lassen.
Die Sahne mit dem Parmesan verrühren und in die Suppe geben. Die ganzen Eier in einer Schüssel verquirlen. In einem zweiten Schälchen das Eigelb mit Majoran und Milch verrühren. Die Eier und das Eigelb nun in die Suppe gießen. Vom Herd nehmen und mit Salz und Pfeffer abschmecken.
Suppenschalen mit geröstetem Weißbrot auslegen. Die Suppe darübergießen und zu Tisch bringen.

Risotto con la lattuga
Risotto mit Kopfsalat

Zutaten für 4 Personen:
1 Kopfsalat, Salz und Pfeffer, 3 EL Butter, 3 EL Olivenöl, 1 Zwiebel, gehackt, 1 Knoblauchzehe, zerstoßen, 5–6 Basilikumblätter, grob zerzupft, 400 g reife Tomaten, gewürfelt, 1 Prise Zucker, 350 g Risottoreis, 1 1/4 l Gemüsebrühe, 4 EL geriebener Parmesan

Kopfsalat putzen, entblättern und etwa 30 Sekunden in sprudelndem Salzwasser blanchieren. Abgießen und abtropfen lassen. Mit den Händen den letzten Rest Feuchtigkeit herauspressen. Anschließend in feine Streifen schneiden.
Die Hälfte der Butter und das Öl in einem Topf erhitzen. Zwiebel, Knoblauch, Basilikum und Salat darin anschwitzen. Nach knapp 5 Minuten die Tomaten hinzufügen und das Ganze mit Salz und Pfeffer und einer Prise Zucker abschmecken. Den Reis einstreuen und einige Minuten andünsten, bis er rundum glänzt. Nach und nach die heiße Gemüsebrühe hinzugießen und den Reis darin al dente garen. Die restliche Butter und den Parmesan einarbeiten. Vor dem Servieren 2–3 Minuten ruhen lassen.

Scamorza affumicata alle verdure
Geräucherter Scamorza mit gemischten Blattsalaten

Scamorza ist ein kräftiger Schnittkäse aus Süditalien. Sie haben den Käse mit der charakteristischen Beutelform sicher schon einmal in Ihrem italienischen Feinkostgeschäft gesehen. Die geräucherte Version schmeckt besonders würzig und macht aus einem einfachen Blattgemüse im Nu eine interessante Vorspeise.

Zutaten für 4 Personen:
300 g gemischte Blattsalate (Kopfsalat, Friséesalat, Rucola), Olivenöl, 500 g geräucherte Scamorza

Salat waschen, trockentupfen und je nach Größe längs halbieren oder vierteln. Mit einem Hauch Olivenöl bepinseln.
Scamorza entrinden und in fingerdicke Scheiben schneiden. Gemüse und Käse auf einem Grill rösten, bis die Scheiben gut heiß sind, aber noch nicht schmelzen. Die heißen Käsescheiben auf das Gemüse legen und sofort servieren.

Minestra di radicchio rosso e passato di fagioli
Radicchiosuppe mit Bohnenpüree

Diese Spezialität stammt aus dem venezianischen Hinterland, der Heimat des Radicchio. Seien Sie übrigens nicht enttäuscht – Radicchio verliert beim Kochen seine leuchtend rote Farbe und sieht dann eher graubraun aus.

Zutaten für 4 Personen:
250 g getrocknete Bohnenkerne, 1 Kartoffel, 1 Knoblauchzehe, 1 Mohrrübe, 8 EL Olivenöl, Salz und Pfeffer, 400 g Radicchio, 500 g Polentamehl, 2 EL Rotweinessig

Die Bohnen über Nacht in kaltem Wasser einweichen. Abgießen und in einen Topf schütten. Zwei Fingerbreit mit frischem Wasser bedecken und zum Kochen bringen. Sanft sprudelnd weich garen. Nach 70–75 Minuten die Kartoffel schälen und mit den Bohnen weich kochen. Eine Tasse Kochwasser abschöpfen und beiseite stellen.

Inzwischen Knoblauch und Mohrrübe putzen und fein hacken. In 4 Eßlöffeln Öl andünsten.

Die Bohnen und die Kartoffel abgießen. Die Kartoffel und die Hälfte der Bohnen pürieren. Dieses Püree sowie die ganzen Bohnen zu Knoblauch und Mohrrübe geben und das beiseite gestellte Bohnenwasser dazugießen. Mit Salz und Pfeffer abschmecken und auf sehr kleiner Flamme 10 Minuten durchköcheln. Vom Herd nehmen und einige Stunden durchziehen lassen.

Den Radicchio putzen und beiseite stellen.

Für die Polenta eindreiviertel Liter Wasser (eventuell nach Packungsanleitung dosieren) zum Kochen bringen und salzen. Das Polentamehl hineinrieseln lassen und unter ständigem Rühren in etwa 45 Minuten zur gewünschten Konsistenz eindicken lassen. Polenta auf eine Servierplatte häufen.

Radicchio mit Öl, Essig, Salz und Pfeffer anmachen. Mit Polenta und Bohnenpüree servieren.

Cavolo – Kohl

Unter dem Begriff Kohl läßt sich eine ganze Reihe von Gemüsepflanzen zusammenfassen, die alle zur Gattung der Kreuzblütler gehören und von der Wildform Brassica oleracea abstammen: Blumenkohl, Brokkoli, Rosenkohl, Rotkohl, Spargelkohl, Spitzkohl, Weißkohl. Kaufen Sie Kohl mit festen und straffen Köpfen und Blättern. Einige Winterkohlsorten schmecken besonders gut, wenn sie bereits etwas Frost abbekommen haben, weil dann die im Kohl enthaltenen Bitterstoffe in Zucker umgewandelt werden.

Vorbereitung: Die groben äußeren Blätter von Blattkohl und den Strunk entfernen. Besonders dicke Blattrippen herausschneiden. Den Kohl dann je nach Rezept feinstreifig aufschneiden oder der Länge nach vierteln. Bei Blättern, die ganz verwendet werden (z. B. für Rouladen), die dicken Rippen flachklopfen, damit sich die Blätter leichter aufrollen lassen.
Brokkoli und Blumenkohl in Röschen zerteilen. Die Stengel schälen, in Scheiben schneiden und beispielsweise in einer Gemüseminestra mitkochen. Rosenkohl von unschönen äußeren Blättchen befreien; den bitteren Strunk abschneiden oder kreuzförmig einritzen.

Cavolo cappuccio con la cozzuli
Spitzkohl mit Muschelpasta

Zutaten für 4 Personen:
800 g Spitzkohl, 2 Knoblauchzehen, zerstoßen, 2 EL Olivenöl, 1 EL Tomatenmark, 50 ml trockener Weißwein, Salz, 1 EL Mehl, 360 g muschelförmige Pasta

Den Spitzkohl wie beschrieben putzen, die Blätter in zentimeterbreite Streifen schneiden.
Den Knoblauch in Olivenöl goldgelb dünsten. Kohlstreifen hinzufügen und einige Minuten anschwitzen. Das Tomatenmark mit einer Tasse Wasser glattrühren und unter das Gemüse geben. 10 Minuten leise schmurgeln lassen. Dann den Wein angießen und salzen. Zugedeckt auf kleiner Flamme etwa eine Stunde lang zu einer sämigen Sauce verkochen, bis die Kohlblätter zerfallen. Nach Bedarf etwas Wasser angießen, damit die Gemüsesauce nicht austrocknet. Zum Schluß noch einmal abschmecken und mit Mehl binden.
Die Pasta in reichlich Salzwasser knapp al dente garen, abgießen und 2–3 Minuten in der Gemüsesauce schwenken. Auf Teller verteilen und servieren.

Involtini di cavolo verza ripieni di Mozzarella
Wirsingrouladen mit Mozzarellafüllung

Diese italienische Version der bekannten Kohlrouladen ist in Kampanien, der Heimat von Büffelmozzarella, ein beliebtes Winteressen. Frischer Büffelmozzarella schmeckt zweifelsohne besonders apart, ist aber teuer und nicht überall erhältlich. Sie können das Gericht jedoch problemlos mit Kuhmilchmozzarella nachkochen.

Zutaten für 4 Personen:
1 Knoblauchzehe, zerstoßen, 4 EL Olivenöl, 800 g Eiertomaten,

gewürfelt, Salz, 5–6 Basilikumblätter, 12 große Wirsingblätter, 250 g Mozzarella, 4 EL geriebener Parmesan

Die Knoblauchzehen in Olivenöl goldbraun dünsten, danach wegwerfen. Die Tomatenwürfel in dieses aromatisierte Öl geben, salzen und auf kleiner Flamme 15 Minuten schmurgeln lassen. Die zerzupften Basilikumblätter unterheben. Die Sauce vom Herd nehmen und beiseite stellen.
Die Wirsingblätter etwa 3 Minuten in Salzwasser blanchieren. Kalt abschrecken, abtropfen lassen und trockentupfen. Auf einer Arbeitsfläche ausbreiten.
Backofen auf 180 Grad vorheizen.
Mozzarella grob stifteln und auf den Wirsingblättern verteilen. Die Blätter aufwickeln und mit Zahnstochern feststecken.
Die Hälfte der Tomatensauce in eine Auflaufform gießen. Die Wirsingrouladen nebeneinander auf die Sauce betten. Mit der restlichen Sauce überziehen und mit Parmesan bestreuen. Im heißen Ofen 30 Minuten überbacken.

Verzolini della vigilia
Weihnachtskohl

Heiligabend gilt im katholischen Italien als Fastentag, an dem kein Fleisch gegessen wird. In Borgo Val di Taro, einem Städtchen in den Apenninen unweit von Parma, waren diese Verzolini lange Zeit das traditionelle Essen für den Weihnachtsabend.

Zutaten für 4 Personen:
60 g altbackenes Weißbrot, 100 ml lauwarme Milch, 1 großer Wirsingkohl, Salz und Pfeffer, 180 g geriebener Parmesan, 4 Eier, 80 g Paniermehl, je 4 EL Butter und Olivenöl, 1 Zwiebel, fein gehackt, 500 g Tomatenpüree, 50 ml trockener Weißwein (nach Wunsch)

Das Weißbrot grob zerpflücken und in lauwarmer Milch einweichen.
Inzwischen den Wirsing entblättern, den Strunk herausschneiden

und die besonders dicken Blattrippen entfernen. Die Blätter in sprudelndem Salzwasser 3 Minuten blanchieren. Abgießen, kalt abschrecken und abtropfen lassen. Die größten und schönsten Blätter aussortieren und beiseite legen, den Rest fein hacken.
Das Weißbrot aus der Milch heben, gut ausdrücken und fein hacken. Mit dem gehackten Wirsing vermischen. Parmesan, Eier und Paniermehl hinzufügen und zu einer glatten Farce verarbeiten, die Sie mit Salz und Pfeffer abschmecken.
Die großen Wirsingblätter auf einer Arbeitsfläche ausbreiten, eventuell mit Küchenpapier trockentupfen. Die Parmesanfüllung darauf verteilen. Die Blätter zu Rouladen aufwickeln und mit Küchenfaden fixieren.
Je 2 Eßlöffel Butter und Öl in einem Töpfchen erhitzen. Die Zwiebel darin andünsten, dann das Tomatenpüree hineingießen, salzen und 15 Minuten leise köcheln lassen.
Den Rest Butter und Öl in einer Pfanne erhitzen. Die Wirsingrouladen rundum darin anbraten und leicht bräunen. Herausheben und in die Tomatensauce setzen. Zugedeckt auf kleiner Flamme etwa 45 Minuten schmoren. Wenn nötig, ab und zu etwas Wasser oder Wein angießen, damit die Sauce nicht zu stark einkocht.

Polenta con le cime di rapa
Polenta mit Sprossenbrokkoli

Cime di rapa, Sprossenbrokkoli oder Spargelkohl genannt, erinnern in ihrem Aussehen an Raps und spielen in der Küche Süditaliens eine bedeutende Rolle. Sie werden für Nudeleintöpfe (zum Beispiel die Orecchiette con cime di rapa) und Suppen oder als Gemüsebeilage verwendet. Vor der Verwendung den dicken Stengel und grobe sowie welke Blätter entfernen. Die zarten Zweige und Blättchen gründlich waschen.

Zutaten für 4 Personen:
1 3/4 l Wasser, Salz, 400 g Polentamehl, 500 g Sprossenbrokkoli, 4 EL Olivenöl, 1 Knoblauchzehe, gehackt, 1 getrocknete rote Pfefferschote, zerstoßen

Für die Polenta das Wasser in einem großen Topf zum Kochen bringen und salzen. Das Polentamehl hineinrieseln lassen und unter ständigem Rühren zu einem weichen Brei verkochen (ca. 45 Minuten).
Den geputzten Sprossenbrokkoli 3 Minuten in Salzwasser blanchieren, abgießen und abtropfen lassen.
Das Öl in einer weiten Pfanne erhitzen. Knoblauch und Pfefferschote darin andünsten, dann den Sprossenbrokkoli hineingeben und kurz im Öl schwenken.
Die Polenta auf eine Servierplatte streichen. Das Gemüse und das aromatische Öl darübergeben und servieren.

Variation: Dieses Gericht können Sie auch mit gewöhnlichem Brokkoli nachkochen. Den Brokkoli in Röschen teilen, die dicken Stielenden entfernen. Feine Blättchen und Röschen wie beschrieben zubereiten.

Pasta con il cavolfiore
Pasta mit Blumenkohl

Zutaten für 4 Personen:
500 g Blumenkohlröschen, Salz, 4 EL Olivenöl, 1 Zwiebel, gehackt, 2 Knoblauchzehen, zerstoßen, 500 g Tomatenpüree, 5–6 Basilikumblätter, 1 EL Pinienkerne, 2 EL eingeweichte Rosinen, 350 g Maccheroni, 4 EL geriebener Caciocavallo (ersatzweise Pecorino oder Parmesan)

Blumenkohlröschen 3 Minuten in sprudelndem Salzwasser knapp bißfest garen. Mit einem Sieb herausfischen und abtropfen lassen. Das Kochwasser für die Pasta aufheben.

Das Öl in einem Topf erhitzen. Zwiebel und Knoblauch darin weich dünsten. Die Knoblauchzehen wieder entfernen, dann das Tomatenpüree einrühren. Salzen und auf kleiner Flamme 15–20 Minuten köcheln lassen. Zum Schluß die Blumenkohlröschen, das zerzupfte Basilikum, die Pinienkerne und Rosinen dazugeben und heiß werden lassen.
Während die Sauce köchelt, die Maccheroni im sprudelnden Blumenkohlwasser al dente garen. Abgießen und mit der Sauce anrichten. Mit geriebenem Käse bestreuen und zu Tisch bringen.

Pasta al forno con il cavolfiore
Überbackene Tagliatelle mit Blumenkohl

Zutaten für 4 Personen:
1 lila Blumenkohl, Salz und Pfeffer, 1 Zwiebel, gehackt, 4 EL Olivenöl, 500 g Tomatenpüree, 400 g Tagliatelle, 6 EL geriebener Pecorino, 125 g Mozzarella oder ein anderer Käse, der gut schmilzt (z. B. Fontina)

Blumenkohl in Röschen teilen und 2–3 Minuten in sprudelndem Salzwasser blanchieren. Mit einem Sieb herausfischen und abtropfen lassen. Das Wasser für die Nudeln aufheben.
Inzwischen die Zwiebel in Olivenöl andünsten. Das Tomatenpüree einrühren und 10 Minuten köcheln lassen. Die Blumenkohlröschen hinzufügen, salzen und pfeffern und 5 Minuten weiterköcheln lassen.

Die Tagliatelle im Blumenkohlwasser al dente garen. Abgießen und ein Drittel der Nudeln in eine Auflaufform füllen. Die Hälfte der Blumenkohlsauce darüber verteilen und mit 2 Eßlöffeln Pecorino bestreuen. Wieder ein Drittel Tagliatelle, den Rest Sauce und 2 Eßlöffel Pecorino hineingeben. Mit den restlichen Nudeln abdecken. Mit Pecorino bestreuen und mit dem in Scheiben geschnittenen Mozzarella belegen. Unter dem Backofengrill überbacken und heiß servieren.

Tagliatelle ricce con cavolfiore e ricotta
Tagliatelle ricce mit Blumenkohl und Ricotta

Statt der »gelockten Tagliatelle«, wie diese Pasta übersetzt heiß, können Sie auch Reginette oder andere breite Bandnudeln mit einem gewellten Rand verwenden. Wenn Sie außerdem rote oder grüne Nudeln nehmen, bekommt dieses sizilianische Gericht etwas Unwiderstehliches.

Zutaten für 4 Personen:
500 g Blumenkohlröschen, Salz, 360 g Tagliatelle ricce (s.o.), 8 EL Olivenöl, 300 g Ricotta

Die Blumenkohlröschen in sprudelndem Salzwasser bißfest kochen. Mit einem Sieb herausfischen und abtropfen lassen. Nun die Pasta im Blumenkohlwasser al dente garen.
In der Zwischenzeit das Olivenöl in einer Pfanne erhitzen und die Blumenkohlröschen darin leicht bräunen.
2–4 Eßlöffel Nudelwasser abschöpfen und die Ricotta damit geschmeidig rühren.
Die Pasta abgießen und in eine Schüssel füllen. Mit Blumenkohlröschen und Ricotta vermischen. Heiß servieren.

Cavolfiore fritto
Blumenkohl im Teigmantel

Zutaten für 4 Personen:
1 kg Blumenkohl, Salz und Pfeffer, 100 g Mehl, 1 Ei, ca. 100 ml trockener Weißwein, Öl zum Ausbacken

Den Blumenkohl putzen und in nicht zu kleine Röschen zerteilen. Die Röschen in sprudelndem Salzwasser blanchieren. Abgießen, kalt abschrecken und sorgfältig abtropfen lassen.
Inzwischen den Backteig vorbereiten. Das Mehl salzen und pfeffern. Das Ei leicht verquirlen und mit dem Mehl verrühren. So

viel Weißwein hinzugießen, bis ein glatter und eher flüssiger Backteig entsteht. Abdecken und eine Stunde ruhen lassen.
Das Öl in einem Fritiertopf auf 180 Grad erhitzen (den Stiel eines Holzlöffels ins heiße Öl tauchen. Wenn daran entlang kleine Bläschen aufsteigen, hat das Öl die richtige Temperatur erreicht).
Die Blumenkohlröschen in den Backteig tauchen und goldbraun ausbacken. Geben Sie nicht zu viele Röschen auf einmal ins Öl, weil die Brattemperatur sonst zu stark absinkt.
Die ausgebackenen Röschen auf Küchenpapier abtropfen lassen und heiß servieren.

Variation: Statt Weißwein können Sie auch aromatischen Anislikör verwenden.

Ortaggi a radice, bulbo e tubero

ERDGEMÜSE

Patate – Kartoffeln

Kartoffeln spielen in der italienischen Küche eine vergleichsweise untergeordnete Rolle. Die wichtigen Kohlehydratlieferanten sind heute Pasta und Reis, in früheren Zeiten übernahmen Hülsenfrüchte diese Aufgabe. Dennoch gibt es einige schmackhafte Rezepte mit der vielseitigen Knolle: Neben den bekannten Gnocchi sind es vor allem Gemüsesuppen und in Piemont, wo man den Einfluß der französischen Nachbarn spürt, Gratins und Aufläufe (siehe z. B. das Rezept auf Seite 156), während man in Ligurien aus Kartoffeln und frischen Kräutern leckere salzige Kuchen zubereitet. Für italienische Gnocchi und die salzigen Kuchen sollten Sie auf mehlig oder vorwiegend mehlig kochende Kartoffelsorten zurückgreifen. Zum Backen und Braten empfehlen sich vorwiegend festkochende Sorten.

Minestra di patate allo zafferano
Kartoffelsuppe mit Pasta und Safran

Zutaten für 4 Personen:
500 g Kartoffeln, 4 EL Olivenöl, 1 Zwiebel, fein gehackt, 1 Mohrrübe, fein gewürfelt, 1 Selleriestengel, fein gewürfelt, Salz, 1 Portionsbriefchen Safranpulver, 200 g Spaghettini oder Ditalini rigati (kurze Röhrennudeln)

Die Kartoffeln mit der Schale weich kochen. Abgießen, pellen und grob würfeln.
Während die Kartoffeln kochen, das Öl in einem Topf erhitzen. Das gehackte Gemüse hinzufügen, salzen und leise andünsten, bis die Zwiebel weich und glasig aussieht. Den Safran einrühren und vom Herd nehmen. Beiseite stellen und durchziehen lassen. Die Kartoffelwürfel in die Safranmischung rühren und auf kleiner Flamme 1–2 Minuten andünsten. Mit gut einem Liter Wasser auffüllen und aufkochen lassen. Salzen. Die Nudeln hineingeben und in der Suppe al dente garen. Dabei zerfallen die Kartoffeln, und die Minestra erhält eine dickliche Konsistenz. Auf Teller verteilen und servieren.

Gnocchi di patate con salsa alle noci e cannella
Kartoffelgnocchi mit Walnuß-Zimt-Sauce

Für die Gnocchi:
1 kg vorwiegend mehlig kochende Kartoffeln, ca. 300 g Mehl, Salz

Für die Sauce:
100 g Walnußkerne, 2 EL Zucker, 100 g Butter, 1 Prise Zimt

Zunächst die Gnocchi zubereiten. Dazu die Kartoffeln mit der Schale weich kochen. Abgießen, noch heiß pellen und durch ein Kartoffeleisen pressen. Mit Mehl und einer Prise Salz zu einem glatten Teig verarbeiten. Je nach Beschaffenheit der Kartoffeln

brauchen Sie etwas mehr oder weniger Mehl. Dosieren Sie daher vorsichtig und arbeiten Sie das Mehl nach und nach in den Teig, bis dieser sich nicht zu fest, aber auch nicht zu feucht anfühlt.
Den Kartoffelteig zu fingerdicken Schnüren formen. 2–3 Zentimeter lange Stückchen abschneiden und mit leichtem Fingerdruck über eine Gabel streifen. Dadurch erhalten die Gnocchi ihre typische Wölbung und das Rillenmuster, in dem die Sauce gut haften bleibt.
Die ausgeformten Gnocchi auf Küchentüchern ausbreiten und mit Mehl überpudern. Abdecken und kurz ruhen lassen.
In der Zwischenzeit die Sauce zubereiten. Walnüsse und Zucker im Mörser zerstoßen. Die Butter in einer Pfanne zerlassen, die Nußpaste und den Zimt hineingeben. Gut verrühren und warm halten, bis die Gnocchi gar sind.
Einen großen Topf Wasser zum Kochen bringen und salzen. Die Gnocchi portionsweise hineingleiten lassen und sanft sprudelnd garen, bis sie an die Oberfläche steigen. Mit einem Sieblöffel herausheben, kurz abtropfen lassen und mit der Sauce anrichten.

Culirgionis de patata
Sardische Kartoffelravioli

Zutaten für 4 Personen:
500 g Kartoffeln, 500 g Mehl, Salz, 300 g geriebener Pecorino, 1 EL frisch gehackte Minze, 2 gehackte Knoblauchzehen

Die Kartoffeln mit der Schale weich kochen.
Inzwischen das Mehl mit einer Prise Salz und etwas Wasser zu einem glatten Nudelteig verarbeiten. Sie brauchen hierfür ca. 100 ml Flüssigkeit. Geben Sie das Wasser jedoch nur eßlöffelweise hinzu, damit der Teig nicht zu naß wird. Den Teig 5–10 Minuten durchkneten, dann zu einer Kugel rollen und leicht bemehlen. In Klarsichtfolie hüllen und ruhen lassen.
Die Kartoffeln abgießen, schälen und heiß durch ein Kartoffeleisen pressen. Mit Pecorino, Minze und Knoblauch vermischen und salzen.

Den Nudelteig dünn ausrollen. Verarbeiten Sie den Teig nur portionsweise und halten Sie den gerade nicht benötigten Teig mit Folie bedeckt. Aus dem ausgerollten Teig mit einem Wasserglas oder einem Keksförmchen Kreise mit 7–8 Zentimeter Durchmesser ausstechen. Etwas Kartoffelmasse in die Mitte der Teigkreise setzen. Die Kreise zu halbmondförmigen Täschchen zusammenklappen. Auf Backblechen ausbreiten und mit Küchentüchern abdecken.
Sobald alle Culirgionis ausgeformt sind, einen Topf Salzwasser zum Kochen bringen. Die Täschchen darin al dente garen.
Zu Culirgionis passen eine einfache Tomatensauce und geriebener Pecorino.

Ravioli di patate
Kartoffelravioli

Für die Füllung:
600 g Kartoffeln, 60 g Ricotta, 2 Eier, 1 EL frische Majoranblättchen, Salz und Pfeffer

Für den Teig:
400 g Mehl, 4 Eier, Salz

Die Kartoffeln mit der Schale weich kochen. Abgießen, schälen und heiß durch ein Kartoffeleisen pressen. Mit Ricotta, Eiern, Majoran, Salz und Pfeffer vermischen und zu einer glatten Füllmasse verarbeiten.
Während die Kartoffeln kochen, aus den angegebenen Zutaten einen Nudelteig bereiten. Das Mehl zum Kegel aufschütten und in die Mitte eine Vertiefung drücken. Die Eier mit Salz verquirlen und hineingießen. Nach und nach Mehl darüber häufen und zu einem Teig verarbeiten. 5–10 Minuten energisch durchkneten.
Den Teig portionsweise ausrollen und wie im vorhergehenden Rezept beschrieben mit der Kartoffelmasse füllen. Die ausgeformten Ravioli auf Backblechen ausbreiten und mit Küchentüchern abdecken.

Die Ravioli in reichlich Salzwassser al dente garen. Mit einem Sieblöffel herausheben, kurz abtropfen lassen und anrichten.

Anmerkung: Servieren Sie zu diesen Ravioli die Lauch-Zucchini-Sauce von Seite 155.

Polpettone di patate
Ligurischer Kartoffelkuchen

Zutaten für 4 Personen:
1 kg Kartoffeln, 150 g frische Pilze, 8 EL Olivenöl, 1–2 EL Butter, 1 Zwiebel, gehackt, 2 Knoblauchzehen, gehackt, 4 EL gehackte Petersilie, 1 EL frische Majoranblättchen, 4–5 Eier, 4 EL geriebener Parmesan, 3 EL Paniermehl

Die Kartoffeln mit der Schale weich kochen. Abgießen, schälen und heiß durch ein Kartoffeleisen pressen.
Die Pilze putzen und blättrig aufschneiden. Zwei Eßlöffel Olivenöl und einen Eßlöffel Butter in einer Pfanne erhitzen. Zwiebel, Knoblauch, Pilze und Kräuter darin weich dünsten. Diese Mischung sorgfältig in die Kartoffelmasse einarbeiten. Sollte die Masse zu schwer und trocken werden, mit etwas Öl oder zerlassener Butter auflockern. Beiseite stellen und erkalten lassen.
4 Eier in die erkaltete Kartoffelmasse einarbeiten, wenn nötig, den Teig mit dem fünften Ei geschmeidiger machen. Den Parmesan unterheben.
Backofen auf 180 Grad vorheizen. Eine Kuchenform einölen und mit einem Hauch Paniermehl ausstreuen. Den Kartoffelteig einfüllen. Mit Paniermehl abdecken und mit dem restlichen Öl beträufeln. Kartoffelkuchen in den heißen Backofen schieben und in 20–30 Minuten goldbraun backen.

Variation: Statt der frischen Pilze eignen sich auch 30 Gramm getrocknete Pilze. Diese 20 Minuten in heißem Wasser einweichen und anschließend fein hacken.

Torta salata di patate
Salziger Kartoffelkuchen mit Tomaten und Mozzarella

Zutaten für 4 Personen:
400 g vorwiegend mehlig kochende Kartoffeln, 150 g Mehl, Salz und Pfeffer, 6 EL Olivenöl, 200 g Mozzarella (oder ein anderer Käse, der gut schmilzt, z. B. Fontina) in Scheiben, 300 g reife Tomaten, gewürfelt, 4 EL geriebener Grana oder Parmesan, 1 Prise getrockneter Oregano

Die Kartoffeln mit der Schale weich kochen. Abgießen, schälen und heiß durch ein Kartoffeleisen pressen.
Nun das Mehl und eine großzügige Prise Salz in die Kartoffeln einarbeiten.
Backofen auf 200 Grad vorheizen und eine Auflaufform einölen. Den Kartoffelteig in einer dünnen Schicht in der Form verstreichen. Mit Mozzarellascheiben, Tomatenwürfeln und geriebenem Käse abdecken. Mit Oregano bestreuen, herzhaft salzen und pfeffern. Mit Olivenöl beträufeln und in den heißen Backofen schieben. Rund 20 Minuten goldbraun überbacken und heiß servieren.

Carote – Mohrrüben und Karotten

Das vielseitige, leuchtend orangefarbene Gemüse ist bei uns seit dem Mittelalter bekannt. Möhren und Karotten, eine kleinere und rundliche Variante, enthalten viel Carotin, das im menschlichen Organismus zu Vitamin A umgewandelt wird.
Nehmen Sie nur knackige Mohrrüben oder Karotten mit straffer Haut. Bei frisch geernteten Rüben ist das Kraut noch knackig und leuchtend grün.

Vorbereitung: Das Kraut abdrehen, die Wurzeln waschen und mit einem Messer abschaben. Dann nach Rezept zurechtschneiden.

Carote in agro
Sauer eingelegte Karotten

Zutaten für 4 Personen:
400 g kleine und zarte Karotten, 250 ml trockener Weißwein, 50 ml Weißweinessig, 8–10 Basilikumblätter, 1 Rosmarinzweig, 1 kleines Bund Petersilie, 2 Lorbeerblätter, 2 Knoblauchzehen, zerstoßen, 1 EL Zucker, 3 EL Olivenöl, Salz und Pfeffer

Karotten waschen und putzen und längs vierteln. Mit 1 1/2 Liter kaltem Wasser, Wein, Essig, 2 Basilikumblättern und allen übrigen Zutaten und Gewürzen aufsetzen. Die Karotten in diesem Sud auf kleiner Flamme bißfest garen (etwa 30 Minuten).
Die gegarten Karotten herausheben, abtropfen lassen und in eine Glas- oder Porzellanschale legen (kein Metallgefäß verwenden, das empfindlich auf die Säure des Essigs reagiert). Den Sud durchseihen und über die Karotten gießen. Das restliche Basilikum grob zerzupfen und über die Karotten streuen. Abdecken und 24 Stunden im Kühlschrank durchziehen lassen.

Carote al Marsala
Karottengemüse in Marsala

Zutaten für 4 Personen:
800 g kleine, zarte Karotten, 2–3 EL Butter, Salz, 50 ml trockener Marsala

Karotten putzen und in dünne Scheiben schneiden. Die Butter in einer Pfanne zerlassen, die Karotten hinzufügen und 10 Minuten dünsten. Salzen und mit Marsala ablöschen. Sobald der Wein verkocht ist, vom Herd nehmen und servieren.

Fritelle dolci di carote
Süße Karottenküchlein

Zutaten für 4 Personen:
120 g Rundkorn- oder Milchreis, 500 ml Milch, 300 g zarte Karotten, Salz, 2 EL Mehl, 4 EL Zucker, 1 TL abgeriebene Zitronenschale, 1 EL Rum oder Grappa, 3 Eier, Öl zum Ausbacken, Puderzucker zum Bestäuben

Reis mit Milch aufsetzen, zum Kochen bringen und auf kleiner Flamme weich garen. Inzwischen die Karotten putzen und fein reiben.
Den Reis salzen, die Karotten einrühren und 5 Minuten mitgaren. Vom Herd nehmen und abkühlen lassen. Mehl, Zucker, Zitronenschale und Rum oder Grappa unter die erkaltete Masse mischen. Die Eier trennen. Eigelbe in die Reismasse einarbeiten. Eiweiße steif schlagen und vorsichtig unterziehen. Das Öl in einem Topf oder einer Pfanne erhitzen.
Mit einem Eßlöffel Portionen von der Reis-Karotten-Masse abstechen und im heißen Öl goldbraun ausbacken. Die Küchlein auf Küchenpapier abtropfen lassen und mit Puderzucker überstäuben. Heiß servieren.

Torta dolce di carote
Süßer Karottenkuchen

Zutaten für 4 Personen:
250 g Karotten, 4 Eier (trennen), 150 g Zucker, 1 TL abgeriebene Zitronenschale, 1 Päckchen Backpulver, 100 g Mehl, 100 g Mandeln, fein gehackt, Butter für die Form, 60 g Puderzucker

Karotten waschen, putzen und fein reiben. Eigelb mit dem Zucker schaumig rühren. Zitronenschale, Backpulver, Mehl, Mandeln und Karotten einrühren und gründlich vermischen. Eiweiß steif schlagen und vorsichtig unter den Karottenteig ziehen.
Backofen auf 180 Grad vorheizen und eine Kuchenform buttern. Den Teig einfüllen und rund 45 Minuten abbacken. Erkalten lassen und aus der Form lösen. Mit Puderzucker überstäuben und am nächsten Tag servieren.

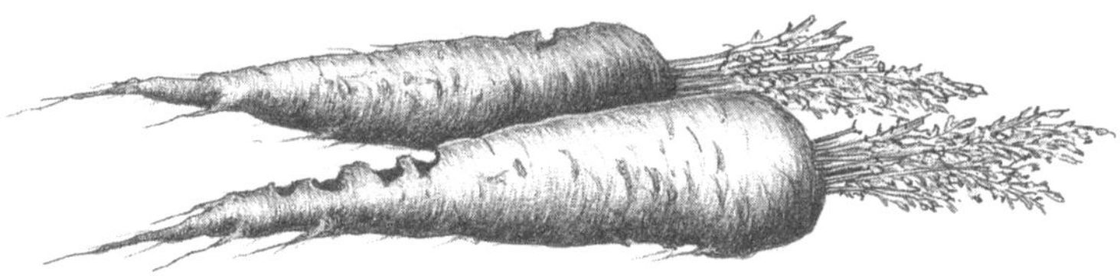

Sedano di verona – Knollensellerie

Knollensellerie besitzt ätherische Öle, die für seinen eigenwillig würzigen und erdigen Geschmack verantwortlich zeichnen. Sellerie kann man roh in Salate raspeln, als Gemüse zubereiten oder zum Würzen von Suppen verwenden.
Wenn Knollensellerie mit seinem Blattgrün angeboten wird (was nichts mit dem Stangensellerie, einer anderen Zuchtform, zu tun hat), erkennen Sie daran die Frische der Knolle. Frischer Sellerie sollte fest und trocken und keinesfalls schwammig oder zu leicht im Verhältnis zu seiner Größe wirken. Wählen Sie nach Möglichkeit glatte Knollen, die sich leichter schälen lassen.

Vorbereitung: Sellerie vierteln und wie eine Kartoffel schälen. Sie können die Knolle auch auf der Brotschneidemaschine in Scheiben schneiden und dann praktisch entrinden. Das weiße Fleisch verfärbt sich an der Luft jedoch bräunlich, so daß Sie den Sellerie nach dem Schälen sofort in Zitronenwasser legen sollten. Sellerie schmeckt roh und gekocht.

Zuppa di sedano rapa
Selleriesuppe

Zutaten für 4 Personen:
200 g Kartoffeln, 400 g Knollensellerie, 2 EL Butter, 1 Zwiebel, gehackt, 1 l Gemüsebrühe, Salz und Pfeffer, 4 altbackene Weißbrotscheiben, 6 EL geriebener Parmesan

Kartoffeln und Sellerie schälen und in dünne Scheiben schneiden. Die Butter in einem Topf erhitzen und die Zwiebel darin anschwitzen. Kartoffeln und Sellerie hinzufügen und kurz mitdünsten. Mit der Gemüsebrühe und einem Liter Wasser auffüllen

und zum Kochen bringen. Auf kleiner Flamme in etwa 20 Minuten weich garen. Salzen und pfeffern.
Die Brotscheiben rösten, auf Teller verteilen und mit dem Käse bestreuen. Die heiße Suppe darübergießen und servieren.

Variante: Eine Art Eintopf wird daraus, wenn Sie dieses traditionelle Rezept aus Venetien ein wenig abwandeln. Dazu 12 Weißbrotscheiben rösten und abwechselnd mit reichlich geriebenem Käse in eine Suppenterrine schichten. Mit der heißen Suppe übergießen und vor dem Servieren 10 Minuten durchziehen lassen.

Risotto con sedano rapa e pomodoro
Sellerierisotto

Zutaten für 4 Personen:
300 g Knollensellerie, je 2 EL Butter und Olivenöl, 350 g Tomatenpüree, gut 1 l Gemüsebrühe, 350 g Risottoreis (z. B. Arborio oder Carnaroli), Salz und Pfeffer, geriebener Parmesan (nach Wunsch)

Sellerie putzen, schälen und stifteln. Butter und Öl in einem Topf erhitzen und den Sellerie hineingeben. 4–5 Minuten unter Rühren andünsten, das Tomatenpüree hinzugießen und zum Kochen bringen. Auf kleiner Flamme im geschlossenen Topf etwa 15 Minuten köcheln lassen.
Inzwischen die Gemüsebrühe erhitzen. Den Reis in die Tomatensauce rühren und 1–2 Minuten andünsten. Eine Kelle heiße Brühe angießen und einkochen lassen. Den Vorgang wiederholen, bis der Reis al dente gegart ist. Dabei gelegentlich umrühren und darauf achten, daß der Reis stets von einem Hauch Flüssigkeit bedeckt ist. Mit Salz und Pfeffer abschmecken und servieren. Nach Wunsch bei Tisch geriebenen Parmesan dazu reichen.

Aglio – Knoblauch

Knoblauch gehört wie Zwiebeln und Lauch zu den Liliengewächsen und wird seit Jahrtausenden als Küchengewürz und Heilpflanze geschätzt. Heute ist Knoblauch in fast allen Küchen der Welt zu Hause. Er besitzt nicht nur einen intensiven, würzigen Geschmack, sondern auch gesundheitsfördernde Wirkung, die in der Volksmedizin seit langem bekannt ist und inzwischen auch von der modernen medizinischen Forschung bestätigt wurde. Knoblauch ist gut lagerfähig und wird daher das ganze Jahr über angeboten; die frischen Knoblauchknollen gibt es im Frühjahr. Knoblauch läßt sich zu Hause an einem kühlen, dunklen und gut gelüfteten Ort einige Monate aufbewahren. Weidenkörbchen oder irdene Zwiebeltöpfe mit Luftlöchern sind dafür ideal.

Vorbereitung: Aufgrund seines intensiven Geschmacks wird Knoblauch selten allein, sondern hauptsächlich als aromatische Beigabe verwendet. Für den starken Knoblauchgeschmack sind die ätherischen Öle verantwortlich, die erst durch Hacken oder Zerstoßen der Zehen zutage treten. Ganze Knoblauchzehen besitzen dagegen einen milden, fast nussigen Geschmack. Knoblauchzehen stets schälen und dann nach Rezept verwenden.

Salsa agliata per la pasta
Knoblauchsauce für Pasta

Diese einfache Sauce stammt aus Ligurien, wo man sie zu Pasta, meist die typischen Trenette oder Spaghetti, serviert. Die Sauce wird dann in der Regel mit 1–2 Eßlöffeln Kochwasser der Nudeln glattgerührt. Die Knoblauchsauce eignet sich aber auch als schmackhafte Beigabe zu gedünstetem Gemüse oder Grillfleisch.

Zutaten für 4 Personen:
50 g Brötchen ohne Rinde, 3 EL Weißweinessig, 8 Knoblauchzehen, Salz und Pfeffer, 4 EL Olivenöl

Das Brötchen in Essig und etwas Wasser einweichen. Aus der Flüssigkeit heben und gut ausdrücken. Knoblauch schälen und im Mixer pürieren, das Brötchen hinzufügen, salzen und pfeffern. Wieder zu einer glatten Paste pürieren und mit Olivenöl geschmeidig rühren.

Zuppa d'aglio
Knoblauchsuppe

Zutaten für 4 Personen:
6 Knoblauchknollen, 25 Salbeiblätter, 1 Thymianzweig, 1 kleines Bund Petersilie, 1 Lorbeerblatt, 1 rote Chilischote, Salz und Pfeffer, 4 EL Sahne, 2 EL Olivenöl, 400 g geröstete Weißbrotscheiben

Knoblauchknollen schälen und in einzelne Zehen zerteilen, diese ebenfalls schälen. Die frischen Kräuter waschen, trockenschütteln und zusammen mit Knoblauch, Lorbeerblatt und der ganzen Chilischote in einen Topf geben. Mit 1 Liter Wasser aufsetzen und auf kleiner Flamme 30 Minuten durchkochen lassen. Gegen Ende der Garzeit salzen und pfeffern. Vom Herd nehmen und abkühlen lassen.

Das Lorbeerblatt und die Chilischote entfernen. Die Suppe pürieren und mit der Sahne verfeinern. Wieder abschmecken und das Öl unterrühren. Die Suppe wieder heiß werden lassen. Die Weißbrotscheiben auf Teller verteilen, die heiße Suppe darübergießen, 1–2 Minuten ziehen lassen und zu Tisch bringen.

Cipolle – Zwiebeln

Seit fünf Jahrtausenden dienen Zwiebeln der menschlichen Ernährung. Bereits im alten Ägypten wurden der Zwiebel Heilkräfte und wohltuende Wirkung auf Magen, Herz und Kreislauf nachgesagt. Karl der Große hatte die Bedeutung der Zwiebeln erkannt und ihren Anbau in Mitteleuropa durchgesetzt. In der Tat enthalten Zwiebeln viel Vitamin C und ätherische Öle, die nicht zuletzt für die Würzigkeit, aber auch für Tränen sorgen.
Im Handel sind viele verschiedene Sorten erhältlich. Grundsätzlich unterscheidet man zwischen Lagerzwiebeln und frischen Zwiebeln. Ob Sie dann milde oder scharfe Zwiebeln kaufen, hängt nur von Ihrem persönlichen Geschmack ab. Die großen Gemüsezwiebeln sind in der Regel milder als die kleinen Zwiebeln, die in den üblichen 1500–Gramm-Netzen angeboten werden. Achten Sie auf feste und trockene Zwiebeln mit einer papierdünnen und glänzenden Schale. Meiden Sie Exemplare mit weichen Druckstellen. Bewahren Sie Zwiebeln an einem dunklen, trockenen und gut gelüfteten Ort auf. Das Gemüsefach im Kühlschrank ist dafür nicht geeignet, weil es eine zu hohe Luftfeuchtigkeit aufweist.

Vorbereitung: Zwiebeln schälen und nach Rezept zurechtschneiden. Große Mengen Perlzwiebeln ca. 2 Minuten in sprudelndem Wasser blanchieren, abgießen und kalt abschrecken. Dann mit einem spitzen Messer die Enden abschneiden und die Haut abziehen.

Salsa di cipolle agrodolce
Süß-saure Zwiebelsauce

Aus Sizilien stammt diese süß-saure Zwiebelsauce, die hervorragend zu kalten Speisen, Aufschnittplatten und eingelegtem Gemüse schmeckt. Sie können die Sauce auch zu Mus zerkochen und als Aufstrich zu italienischem Weißbrot reichen.

Zutaten für 4 Personen:
1 kg Zwiebeln, in dünne Ringe gehobelt, 6 EL Olivenöl, Salz, 3 EL Weißweinessig, 3 EL Zucker

Zwiebelringe in eine Pfanne schichten und mit einem Viertelliter Wasser übergießen. Auf kleiner Flamme weich dünsten. Sobald das Wasser verkocht ist, das Öl hinzufügen und die Zwiebeln darin sanft bräunen. Salzen und mit Essig und Zucker abschmecken. Gründlich vermischen und ein paar Minuten schmurgeln lassen. Vom Herd ziehen und servieren.

Variante: Die Sauce erhält einen frischen Touch, wenn Sie vor dem Servieren 2 Eßlöffel fein gehackte Petersilie unterheben.

Zuppa di cipolle all'acquavite
Beschwipste Zwiebelsuppe

Zutaten für 4 Personen:
3 EL Butter, 800 g Zwiebeln, in sehr dünne Ringe gehobelt, 1 TL Zucker, Salz, 1 l Gemüsebrühe (nach Wunsch), 4 Scheiben altbackenes Weißbrot, 4 EL Schnaps oder Grappa

Butter in einem Topf aufschäumen lassen. Zwiebelringe hineingeben, zuckern und salzen und auf kleiner Flamme 30 Minuten dünsten. Nach Bedarf etwas lauwarmes Wasser angießen, damit die Zwiebeln nicht anbrennen.
Mit Gemüsebrühe oder Wasser auffüllen, aufkochen lassen und

15–20 Minuten durchkochen. Zum Schluß das Brot und Schnaps oder Grappa hinzufügen. Salzen und etwa 3 Minuten sprudelnd kochen lassen. Suppe vom Herd nehmen und heiß servieren.

Zuppa di cipolle alla lombarda
Lombardischer Zwiebelauflauf

Mit »Zuppa« bezeichnet man in Italien alle Gerichte mit eingeweichtem Weißbrot. Dabei muß es sich – trotz der sprachlichen Verwandtschaft – nicht unbedingt um Suppen handeln, auch dicke Eintöpfe oder Salate können gemeint sein. Hier ein ganz besonders typisches Rezept aus der Lombardei:

Zutaten für 4 Personen:
75 g Butter, 1200 g Zwiebeln, in hauchdünne Ringe gehobelt, Salz und Pfeffer, einige Scheiben altbackenes Weißbrot, 150 g Fontina

Gut die Hälfte der Butter in einer Pfanne erhitzen. Die Zwiebelringe sanft weich dünsten. Salzen, pfeffern und gelegentlich umrühren. Abdecken und auf kleiner Flamme insgesamt 90 Minuten leise dünsten, bis die Zwiebeln zu Mus zerfallen. Nach Bedarf etwas lauwarmes Wasser hinzugießen, damit die Zwiebeln nicht anbrennen. Die Zwiebeln immer wieder wenden.
Die Brotscheiben rösten, den Fontinakäse in dünne Scheiben schneiden. Die weich gekochten Zwiebeln vom Herd nehmen und durch die Gemüsemühle passieren.
Backofen auf 200 Grad vorheizen und eine Auflaufform buttern. Die Brotscheiben in die Form schichten und mit Fontina und Zwiebelmasse abdecken. Im heißen Ofen knapp 15 Minuten überbacken und heiß servieren.

Pasta con le cipolle
Pasta mit Zwiebelsauce

Zutaten für 4 Personen:
5 EL Olivenöl, 600 g milde Zwiebeln, fein gehackt, Salz und Pfeffer, 10–12 Basilikumblätter, grob zerzupft, 350 g Pasta nach Wahl, geriebener Pecorino zum Servieren (nach Wunsch)

Das Öl in einer Pfanne erhitzen. Die Zwiebeln hinzufügen und auf kleiner Flamme langsam weich dünsten. Salzen und pfeffern. Gelegentlich wenden. Nach etwa 90 Minuten haben die Zwiebeln die gewünschte cremige Konsistenz erreicht. Noch einmal mit Salz und Pfeffer abschmecken und das grob zerzupfte Basilikum unterheben.

Die Pasta in sprudelndem Salzwasser al dente garen. Abgießen und mit der Zwiebelcreme anrichten. Nach Wunsch geriebenen Pecorino dazu servieren.

Varianten: Statt Basilikum können Sie frischen Majoran oder Oregano unter die Zwiebeln rühren.

Die süditalienische Sauce gibt es natürlich auch in einer Version mit Tomaten und Peperoncino. Dazu eine Tomatensauce zubereiten und mit frischem oder getrocknetem Peperoncino würzen. Vor dem Servieren mit der Zwiebelcreme verrühren.

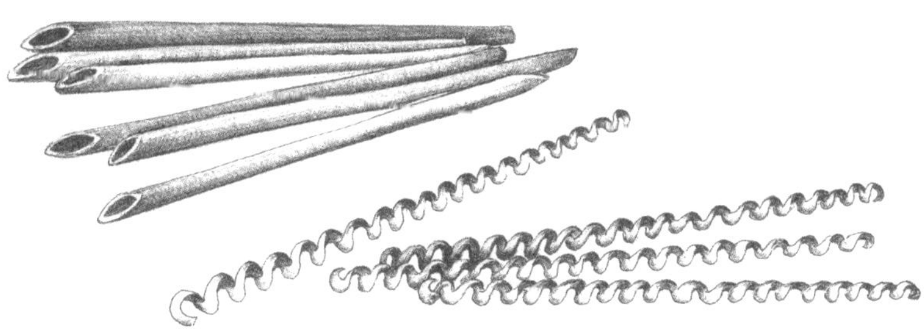

Cipolline caramellate al miele
Karamelisierte Zwiebeln in Honigsauce

In Sizilien nimmt man für dieses Rezept traditionsgemäß Orangenblütenhonig, der auf der Insel in reichem Maße vorhanden ist. Es eignet sich aber praktisch jede süße und aromatische Honigsorte. Zähflüssigen Honig mit etwas Marsala verdünnen.

Zutaten für 4 Personen:
1 kg Perlzwiebeln, Salz, 6 EL Olivenöl, 6 EL trockener Marsala, 250 g flüssiger Orangenblütenhonig

Perlzwiebeln in reichlich Salzwasser weich garen, abgießen und kalt abschrecken. Abtropfen lassen, dann mit einem Messer die Enden abschneiden und die Haut abstreifen.
Das Öl in einer Pfanne (nach Möglichkeit mit Antihaftbeschichtung) erhitzen. Die Zwiebelchen hineingeben und einige Minuten andünsten. Mit Marsala ablöschen. Sobald der Wein eingekocht ist, den Honig in die Pfanne gießen und umrühren, bis die Zwiebeln vollends karamelisiert sind. Vom Herd nehmen und servieren.

Cipolline fritte alla calabrese
Kalabrische Zwiebelküchlein

Früher bereitete man diese Küchlein mit wild wachsenden Zwiebeln zu. Heute nimmt man in der Regel die kleinen und milden Perlzwiebeln.

Zutaten für 4 Personen:
400 g Perlzwiebeln, Salz und Pfeffer, 150 g Mehl, 2 Eigelbe, 1 Glas trockener Weißwein, 2 EL gehackte Petersilie, 1 EL Olivenöl, Öl zum Ausbacken

Perlzwiebeln in lebhaft sprudelndem Salzwasser bißfest garen. Abgießen, kalt abschrecken und häuten. Mit Küchenpapier trokkentupfen.
Aus Mehl, leicht verquirlten Eigelben, Wein, Petersilie, etwas Salz und Pfeffer einen cremig-flüssigen Backteig rühren. Das Olivenöl und etwas kaltes Wasser untermischen. 10 Minuten ruhen lassen. Das Öl zum Ausbacken in einem Topf auf 180–190 Grad erhitzen. (Wenn Sie kein Thermometer besitzen, den Stiel eines Holzlöffels ins Öl halten: Bei der gewünschten Temperatur steigen kleine Bläschen am Stiel entlang auf.) Die vollständig trockenen Zwiebelchen in den Backteig tauchen und portionsweise goldbraun ausbacken. Auf Küchenpapier abtropfen lassen, salzen und heiß servieren.

Cipolline al vino rosso ed erbe aromatiche
Perlzwiebeln in Kräuter-Rotwein-Marinade

Frische Zwiebeln sind fester Bestandteil der piemontesischen Küche. Zur Saison dünstet man sie mit Kräutern und Rotwein, bis sie zu einer aromatischen Creme zerfallen.

Zutaten für 4 Personen:
1 kg (frische) Perlzwiebeln, 500 ml trockener Rotwein (z. B. Barbera), 100 ml Rotweinessig, 3–4 Lorbeerblätter, 5–6 Salbeiblätter, 1–2 TL abgeriebene Schale einer unbehandelten Zitrone, 1 EL Zucker, Salz

Die Zwiebeln wie in der Einleitung beschrieben blanchieren und schälen. Jede Zwiebel unten kreuzweise einritzen.
Wein, Essig, 125 ml Wasser, Lorbeer, Salbei, Zitronenschale, Zucker und eine Prise Salz in einen Topf geben und zum Kochen bringen. Die Zwiebeln hineinsetzen und garen, bis sie zwar weich sind, aber noch etwas »Biß« haben.
Zwiebeln aus dem Sud heben und in eine Glas- oder Porzellanschale setzen (kein Metall verwenden, das empfindlich auf die Säure des Suds reagiert). Salbeiblätter aus dem Sud entfernen. Den Sud über die Zwiebeln gießen und erkalten lassen. Vor dem Servieren mindestens 24 Stunden durchziehen lassen.

Cipolle ripiene con formaggio e noci
Zwiebeln mit Käse-Walnuß-Füllung

Zutaten für 4 Personen:
4 große Zwiebeln, die sich zum Füllen eignen, Salz und Pfeffer, 120 g Crescenza (oder ein anderer milder Frischkäse), 15 Walnußkerne, 1 Ei, 1 Prise frisch geriebener Muskat, 5–6 EL Paniermehl, 3 EL Butter

Zwiebeln schälen und in reichlich Salzwasser garen, bis sie zwar weich sind, aber noch genügend Halt haben, um gefüllt zu werden. Aus dem Wasser heben, abtropfen und etwas abkühlen

lassen. Einen »Deckel« abschneiden und beiseite stellen. Die Zwiebeln mit einem scharfen Messer aushöhlen. Das ausgeschabte Zwiebelfleisch zusammen mit den Nüssen fein hacken. Mit Käse und dem leicht verquirlten Ei vermischen und mit Muskat, Salz und Pfeffer würzen. Zu einer glatten Füllmasse verarbeiten und mit einem Teil des Paniermehls binden.
Backofen auf 200 Grad vorheizen. Die ausgehöhlten Zwiebeln mit der Käsemasse füllen, die »Deckel« wieder aufsetzen. Eine Auflaufform buttern, die Zwiebeln hineinsetzen und mit dem übrigen Paniermehl bestreuen. Butterflöckchen obenauf setzen. 20 bis 30 Minuten im heißen Ofen überbacken. Vor dem Servieren einige Minuten ruhen lassen.

Fitascetta
Zwiebelschlange

Zutaten für 4 Personen:
3 EL Butter, 500 g rote Zwiebeln, in sehr dünne Ringe geschnitten, 3 EL Olivenöl, 5–6 EL Milch, Salz

Für den Hefeteig:
1 Hefewürfel, 250 ml lauwarmes Wasser, 500 g Mehl, 1/2 TL Salz, 3 EL Olivenöl

Die Hefe im lauwarmen Wasser auflösen. Das Mehl in eine Schüssel sieben und in der Mitte eine Vertiefung formen. Die Hefemischung, das Salz und zwei Eßlöffel Öl hineingeben. Vom Rand her etwas Mehl über diese Mischung häufen. Abdecken und an einem warmen Ort 30 Minuten gehen lassen.
Den Vorteig nun 5 Minuten mit den Händen kräftig durchkneten. Zu einer Kugel rollen, in eine Schüssel legen und rundum mit Olivenöl bepinseln. Abdecken und 30 Minuten gehen lassen.
Während der Vorteig bzw. Teig geht, die Butter in einer Pfanne aufschäumen lassen. Die Zwiebelringe darin andünsten, aber nicht zu weich braten.
Den Hefeteig nun mit Olivenöl und etwas Milch geschmeidig

machen. Salzen und wieder gründlich durchkneten. Backofen auf 200 Grad vorheizen.
Den Teig zu einer Rolle formen und schlangenförmig auf ein geöltes Backblech betten. Die gedünsteten Zwiebelringe auf der Teigschlange verteilen und leicht andrücken. Fitascetta in den heißen Ofen schieben und rund 30 Minuten abbacken. Heiß oder zimmerwarm servieren.

Variante: Sie können die Fitascetta zusätzlich mit Käsewürfeln (z.B. Fontina) belegen.

Tortino di cipolle
Zwiebelauflauf

Zutaten für 4 Personen:
50 ml Olivenöl, 200 g frische Zwiebeln, in Ringe geschnitten, Salz und Pfeffer, 18 Walnußkerne, gehackt, 3 Eier, 100 g geriebener Grana oder Parmesan, 2 EL Weißbrotkrümel, ca. 250 ml Milch

Etwas Öl in eine ofenfeste Pfanne mit etwa 22 Zentimeter Durchmesser geben. Die Zwiebelringe hineinschichten, leicht salzen und auf kleiner Flamme weich dünsten.
Backofen auf 200 Grad vorheizen.
Die Nüsse mit den Eiern verquirlen. Den Käse und die Brotkrümel in die Eimischung rühren, salzen und pfeffern. Nach und nach Milch unterrühren, bis eine cremige und gleichmäßige Masse entsteht. Über die Zwiebeln gießen, mit Salz und Pfeffer abschmecken und in den heißen Backofen schieben. 20–25 Minuten goldbraun backen. Heiß servieren.

Tortino di cipolle con verdure
Zwiebelkuchen mit Blattgemüse

Zutaten für 4 Personen:
1500 g frische Maizwiebeln, 1 kg frisches gemischtes Blattgemüse (z. B. Spinat, Mangold, großblättrige Kräuter wie Löwenzahn, Rucola), 400 g Maismehl, 1/2 TL Fenchelsamen, 100 g geriebener Pecorino, Salz und Pfeffer, 200 g Ricotta, 50 ml Olivenöl, 100 ml Milch

Zwiebeln putzen, waschen und grob hacken. Das Blattgemüse waschen und verlesen und mit dem Wasser, das noch an den Blättern haftet, in einem Topf dünsten. Gut auswringen, grob hacken und unter die Zwiebeln heben.
Alle anderen Zutaten hinzufügen und mit einem Holzlöffel zu einem glatten Teig verrühren. Nach Bedarf etwas mehr Milch hinzufügen, so daß der Teig zäh vom Löffel fällt.
Backofen auf 190 Grad vorheizen. Eine runde Kuchenform leicht einölen. Die Zwiebelmasse einfüllen und 30 Minuten abbacken. Aus dem Ofen holen. Vor dem Servieren etwas abkühlen lassen.

Frittata di cipolle
Zwiebelfrittata

Zutaten für 4 Personen:
4 große Zwiebeln, 4–6 EL Olivenöl, 6 Eier, Salz und Pfeffer, 1/2 TL getrockneter Oregano (nach Wunsch)

Zwiebeln schälen und in hauchdünne Ringe hobeln. Das Öl in einer ofenfesten Pfanne erhitzen. Die Zwiebeln hineingeben, leicht salzen und etwa 20 Minuten dünsten. Gelegentlich wenden.
Backofen auf 190 Grad vorheizen. Die Eier mit Salz und Pfeffer und nach Wunsch mit dem Oregano verquirlen. Die Zwiebeln hinzufügen und sorgfältig vermischen.
Nach der Beschreibung im Grundrezept auf Seite 280 goldbraun backen. Heiß oder zimmerwarm servieren.

Piatto d'erbe alla lucana
Lukanisches Zwiebelgemüse

Zutaten für 4 Personen:
300 g Auberginen, Salz, 600 g Zwiebeln, 300 g Paprikaschoten, 200 g Tomaten, 1 kleines Bund Petersilie, 8–10 Basilikumblätter, 2 Knoblauchzehen, 50 ml Olivenöl, geröstetes Weißbrot zum Servieren

Auberginen waschen, vom Stielansatz befeien und quer in Scheiben schneiden. Einsalzen und eine Stunde ziehen lassen. Inzwischen das übrige Gemüse putzen und zurechtschneiden: Zwiebeln in dünne Ringe, Paprika in feine Streifen, Tomaten in Würfel schneiden. Petersilie zusammen mit Basilikum und Knoblauch fein hacken.
Die Auberginen gründlich abspülen und trockentupfen. Das Öl in einer Pfanne erhitzen. Die Zwiebelringe darin andünsten, dann Paprika, Tomaten und Auberginen hinzufügen. Auf kleiner Flamme 10 Minuten dünsten, dann die gehackten Kräuter hinzufügen und leicht salzen. 45 Minuten ganz leise schmurgeln lassen. Abschmecken und mit dem gerösteten Weißbrot servieren.

Porri – Lauch

Von Herbst bis Winter schmeckt frischer Lauch am besten. Kaufen Sie nur Lauchstangen mit festem, weißem Wurzelende und knackigen, leuchtend grünen Blättern. In der Regel bekommen Sie Lauchstangen mit mehreren Zentimeter Durchmesser zu kaufen. Lauch ist jedoch bereits mit einem Zentimeter Durchmesser erntereif. Wenn Sie bei Ihrem Gemüsehändler solch zarte Köstlichkeiten entdecken, sollten Sie zugreifen.

Vorbereitung: Wurzelenden abschneiden. Ob und wieviel Sie von den grünen Blattenden verwenden, ist Geschmackssache. Die harten dunkelgrünen Blätter sollten Sie in jedem Fall abtrennen und beispielsweise in einer Gemüsebrühe auskochen. Die Lauchstangen dann längs halbieren und sorgfältig ausspülen.

Salsa ai porri e zucchine
Lauch-Zucchini-Sauce

Diese einfache Sauce paßt gut zu Spaghetti und gefüllten Nudeln.

Zutaten für 4 Personen:
4 EL Olivenöl, 1 Zwiebel, fein gehackt, 2 Lauchstangen, in Ringe geschnitten, 2 Zucchini, in Scheiben geschnitten, 2 EL Weißwein, 4 EL gehackte Petersilie, 1 EL Butter

Das Öl in einer Pfanne erhitzen. Das vorbereitete Gemüse hineingeben und etwa 5 Minuten andünsten. Salzen und mit Weißwein ablöschen. Auf kleiner Flamme weiterköcheln lassen. Nach Bedarf mit etwas Wasser verflüssigen. Zum Schluß Petersilie und Butter unterrühren und abschmecken.

Minestra di riso e porri
Lauchsuppe mit Reis

Zutaten für 4 Personen:
800 g Lauch, 3 EL Butter, 1 Lorbeerblatt, 1 Knoblauchzehe, zerstoßen, Salz und Pfeffer, 200 g Kartoffeln, gewürfelt, 200 g Reis, 1 Prise frisch geriebener Muskat, 4 EL geriebener Parmesan, 60 g Fontinakäse, gewürfelt, 60 g Greyerzer, gewürfelt

Lauch wie beschrieben putzen, waschen und in Streifen schneiden. Die Hälfte der Butter in einem Suppentopf zerlassen. Lauch, Lorbeer, Knoblauch hineingeben, salzen und auf kleiner Flamme 5 Minuten andünsten. Ab und zu umrühren.
Die Kartoffelwürfel zusammen mit dem Reis in den Suppentopf geben und unter Rühren glasig dünsten. Mit 1–1 1/2 Liter Wasser auffüllen und zum Kochen bringen. Das Gemüse sowie den Reis etwa 20 Minuten sanft sprudelnd al dente garen. Mit Muskat, Salz und Pfeffer abschmecken. Sobald die Kartoffeln weich sind, mit einer Gabel zerdrücken. Den Käse und die restliche Butter einarbeiten, nochmals abschmecken und heiß servieren.

Porri ai formaggi e alle erbe aromatiche
Auflauf mit Lauch, Käse und Kräutern

Das Rezept stammt aus Piemont, wo es eine Fülle an aromatischen Käsesorten gibt. Dort verwendet man mit Vorliebe Toma di Langa und Castelmagno. Aber auch Fontina aus dem Aostatal oder Gorgonzola aus der benachbarten Lombardei eignen sich gut für dieses Rezept.

Zutaten für 4 Personen:
12 Lauchstangen, Salz und Pfeffer, 60 g Butter, 8 Eier, 1 kleines Bund Petersilie, 7–8 Basilikumblätter, 5–6 Liebstöckelblätter, 50–60 g herbe Wiesenkräuter oder Blattsalate (z. B. Löwenzahn, Endivien), 3–4 Blätter Marienblatt, 6–8 Minzeblättchen, 1 Thymianzweig, 1 EL

frische Majoranblättchen, 4–5 Salbeiblätter, 1 frisches Lorbeerblatt, 200 ml Béchamelsauce (siehe Grundrezept auf Seite 278), frisch geriebener Muskat, 250 g gemischte Käsesorten (s.o.), gewürfelt, Butter für die Form, 6 EL geriebener Parmesan, 4 EL Paniermehl

Lauch wie beschrieben putzen und waschen. In 4–5 Zentimeter lange Streifen schneiden und 3 Minuten in sprudelndem Salzwasser blanchieren. Abgießen und kalt abschrecken. Abtropfen lassen.

Die Hälfte der Butter in einer Pfanne zerlassen. Die Lauchstreifen auf lebhafter Flamme 5–6 Minuten darin dünsten.

Die Eier in einer großen Schüssel verquirlen. Sämtliche Kräuter und Blattsalate fein hacken und mit der Béchamelsauce verrühren. Salzen, pfeffern und mit Muskat würzen. Die Lauchstreifen hinzufügen und gut vermischen.

Backofen auf 180 Grad vorheizen und eine Auflaufform buttern. Den Boden der Form mit Lauchmasse bestreichen. Mit Käsewürfeln bestreuen. Etwas Lauch darüber geben und wieder mit Käse bestreuen. So fortfahren, bis Lauch und Käsewürfel aufgebraucht sind.

Parmesan und Paniermehl vermischen und den Auflauf damit bestreuen. Ein paar Butterflöckchen obenauf setzen. Auflauf in den heißen Backofen schieben und gut 30 Minuten goldbraun überbacken. Heiß servieren.

Funghi e tartufi

PILZE UND TRÜFFELN

Funghi – Pilze

Erst Ende des 17. Jahrhunderts hatte man Pilze grundlegend erforscht und erkannt, daß es sich dabei um die oberirdischen Fruchtkörper eines unterirdisch weit verzweigten Geflechts, des sogenannten Myzels, handelt. Diese Entdeckung machte den Weg zur Züchtung frei, was denn auch in großem Stil geschieht. Besonders Champignons und Egerlinge sind heute das ganze Jahr über als Zuchtpilze zu bekommen. Sie wachsen auf Pferdemist bzw. Holzspänen und sind ein guter Ersatz für wilde Pilze. Da Zuchtpilze oft das typische Aroma von Wald und Frische vermissen lassen, kann man ein paar intensiv schmeckende getrocknete Pilze dazugeben. Die getrockneten Pilze stammen meist aus Osteuropa oder aus den italienischen Apenninen. Sie werden frisch gesammelt, in hauchdünne Scheiben geschnitten und getrocknet.

Vorbereitung: Stiele leicht mit einem Messer abschaben, die Kappen mit einem feuchten Tuch abreiben. Unschöne Stellen mit einem Messer ausschneiden. Waschen sollten Sie Pilze nur dann, wenn es unbedingt nötig ist. Brausen Sie die Pilze rasch unter fließendem Wasser ab und reiben Sie sie sofort wieder trocken, weil sie sich sonst mit Wasser vollsaugen wie ein Schwamm.

Getrocknete Pilze mit heißem Wasser überbrühen und rund 20 Minuten einweichen lassen. Aus dem Wasser heben, auswringen und fein hacken, dabei verhärtete oder unschöne Stellen ausschneiden. Das Einweichwasser durch ein mit Küchenpapier ausgeschlagenes Sieb oder durch einen Kaffeefilter gießen, um Verunreinigungen zu entfernen. Das hocharomatische Einweichwasser zum Kochen verwenden.

Salsa di funghi porcini
Steinpilzsauce

Diese leckere Steinpilzsauce stammt aus Ligurien und wird traditionsgemäß zu Pasta asciutta, zu Lasagne und Ravioli gegessen. Auch zu Polenta schmeckt sie hervorragend.

Zutaten für 4 Personen:
4 EL Olivenöl, 1 Zwiebel, gehackt, 1 Mohrrübe, fein gewürfelt, 1 Selleriestengel, fein gewürfelt, 400 g kleine, feste Steinpilze, Salz, 400 g Tomatenpüree, 1 Rosmarinzweig, 1 Bund Petersilie, 1 Knoblauchzehe, 5–6 Basilikumblätter, 1 Prise Oregano

Olivenöl in einem Topf erhitzen. Zwiebel, Mohrrübe und Sellerie darin andünsten. Die Pilze wie in der Einleitung beschrieben putzen und blättrig aufschneiden. In den Topf geben und salzen. Etwa 10 Minuten dünsten und Saft ziehen lassen, dann das Tomatenpüree einrühren. Die Sauce aufkochen lassen, dann bei mittlerer Hitze 10 Minuten durchschmoren.
In der Zwischenzeit Rosmarin- und Petersilienblättchen von den Stengeln zupfen und zusammen mit der Knoblauchzehe fein hacken. In die Pilzsauce rühren. Das Basilikum grob zerzupfen und mit dem Oregano dazugeben. Die Sauce zugedeckt 30 Minuten leise köcheln lassen. Abschmecken und vom Herd nehmen.

Sugo a funghetto
Pilzsauce mit gemischtem Gartengemüse

Dieser einfache Pilz-Gemüse-Sugo paßt zu allen Pastasorten. Sie können die Pasta asciutta nach Ihrem Geschmack noch mit geriebenem Pecorino oder Parmesan anreichern.

Zutaten für 4 Personen:
200 g kleine und feste, längliche Auberginen, Salz, 300 g frische Pilze, 200 g kleine und festfleischige Zucchini, 2 Knoblauchzehen, 1 Bund

Petersilie, 50 ml Olivenöl, Gemüsebrühe (nach Wunsch), 1 Prise Oregano

Auberginen putzen, quer in dünne Scheiben schneiden und diese auf beiden Seiten einsalzen. In ein Sieb schichten und etwa eine Stunde durchziehen lassen. Danach gründlich abspülen und mit Küchenpapier trockentupfen.
Während die Auberginen durchziehen, das restliche Gemüse putzen und zurechtschneiden: Pilze blättrig aufschneiden, Zucchini in Scheiben schneiden. Knoblauch und Petersilie fein hacken.
Das Olivenöl in einem Topf erhitzen. Das Hack aus Knoblauch und Petersilie darin andünsten. Dann Auberginen, Pilze und Zucchini hinzufügen. Einige Minuten dünsten und salzen. Zugedeckt auf sehr kleiner Flamme eine knappe Stunde schmoren lassen. Ab und zu ein wenig Wasser oder Gemüsebrühe angießen, damit das Gemüse nicht anbrennt.
Mit Salz und Oregano abschmecken und gut verrühren.

Crostini con crema di funghi
Crostini mit Pilzcreme

Zutaten für 4 Personen:
1 kg frische gemischte Waldpilze, 1 Zwiebel, 1 Knoblauchzehe, 1 Bund Petersilie, 4 EL Olivenöl, Salz und Pfeffer, 100 ml trockener Weißwein, einige Scheiben Weißbrot

Pilze wie beschrieben putzen und sehr fein würfeln. Zwiebel und Knoblauch schälen und zusammen mit der Petersilie fein hacken. Dieses Hack einige Minuten in Olivenöl andünsten.
Die Pilze hinzufügen und auf lebhafter Flamme weich dünsten (je nach Wassergehalt und Konsistenz der Pilze ca. 15 Minuten). Nach etwa 10 Minuten salzen und pfeffern und mit dem Weißwein ablöschen. Die Pilze nun leise zu einer dicklichen Creme einkochen lassen.
In der Zwischenzeit die Brotscheiben rösten. Die Pilzcreme dar-

auf verstreichen. Die Brotscheiben zu Dreiecken schneiden und als Aperitifhappen reichen.

Anmerkung: Diese Creme paßt auch gut zu Pasta oder Gnocchi; Sie brauchen dann nur die halbe Menge.

Minestra di patate e funghi
Pilz-Kartoffel-Suppe

Zutaten für 4 Personen:
400 g Kartoffeln, 500 ml warme Milch, Salz und Pfeffer, 300 g frische Pilze (vorzugsweise Steinpilze), 1 Zwiebel, 2 EL Butter, ca. 500 ml Gemüsebrühe, 1 EL frische Thymianblättchen, 1 EL frische Majoranblättchen

Die Kartoffeln mit der Schale weich kochen. Noch heiß pellen, grob zerkleinern und mit der warmen Milch in einen Topf geben. Salzen und rund 10 Minuten auf kleiner Flamme köcheln lassen, bis die Kartoffeln zerfallen. Ab und zu umrühren.
Während die Kartoffeln kochen, die Pilze putzen und blättrig aufschneiden. Die Zwiebel schälen und fein hacken.
Die Butter in einer Pfanne erhitzen. Die Zwiebel darin anglasen, dann die Pilze hinzufügen und weich dünsten. Salzen und pfeffern.
Pilze zu den Kartoffeln geben und mit der Gemüsebrühe zur gewünschten Konsistenz auffüllen (eventuell mit Wasser ergänzen). Die Kräuter einrühren und mit Salz und Pfeffer abschmecken. Einige Minuten durchköcheln lassen und heiß servieren.

Gnocchetti di ricotta con funghi
Ricottaklößchen mit Pilzen

Zutaten für 4 Personen:
500 g Ricotta, 150 g geriebener Parmesan, 2 ganze Eier und 2 Eigelbe, ca. 100 g Mehl, Salz, 1 kg frische Pilze, 5 EL Olivenöl, 2 EL Butter, 4 EL gehackte Petersilie zum Servieren

Ricotta mit Parmesan, Eiern und Eigelben verrühren und mit so viel Mehl binden, daß ein glatter, nicht zu feuchter Teig entsteht. Salzen. Den Teig kräftig durchkneten, bis er eine gleichmäßige und geschmeidige Konsistenz erhält.
Den Ricottateig zu kleinen Stäbchen (ca. 5–6 cm lang und höchstens 5 mm dick) formen. Diese Stäbchen halbieren. Mit den Zinken einer Gabel das typische Rillenmuster in die Gnocchetti drücken. Gnocchetti auf einem Backblech ausbreiten und mit Küchentüchern abdecken.
Die Pilze putzen und blättrig aufschneiden.
3 Eßlöffel Öl und die Butter in einer Pfanne erhitzen. Die Pilze darin weich dünsten und salzen.
Einen großen Topf Salzwasser zum Kochen bringen. Die Gnocchetti ins sprudelnde Wasser gleiten lassen und wieder zum Kochen bringen. Das restliche Öl ins Kochwasser rühren. Die Gnocchetti sanft sprudelnd garen, bis sie an die Oberfläche steigen. Mit einem Sieblöffel herausheben, abtropfen lassen und auf Teller verteilen. Mit dem Pilzgemüse und der gehackten Petersilie anrichten und servieren.

Variation: Besonders edel schmecken diese Gnocchetti, wenn Sie vor dem Servieren noch ein paar frische Trüffelraspel obenauf setzen.

Tagliatelle ai funghi
Tagliatelle mit Pilzen

Dieses Rezept stammt aus Bardonecchia in den piemontesischen Alpen. Dort nimmt man einen Speisepilz, der bevorzugt im Umkreis von Kiefern wächst, doch können Sie hierfür jeden aromatischen Speisepilz verwenden.

Für den Teig:
400 g Mehl, 3 Eier, Salz, 1 EL Olivenöl (oder 400 g Tagliatelle aus dem Laden)

Für die Sauce:
300 g frische Waldpilze, 1 Zwiebel, 300 g reife Tomaten, 50 g Butter, 3–4 Wacholderbeeren, Salz und Pfeffer, 150 g Sahne, 4 EL geriebener Grana oder Parmesan

Wenn Sie die Tagliatelle selber machen, das Mehl auf einer Arbeitsfläche zu einem Kegel aufschütten. In der Mitte eine Vertiefung formen. Eier, Salz und Olivenöl verrühren und in die Vertiefung gießen. Nach und nach vom Rand her Mehl einrühren und zu einem Teig verarbeiten. Etwa 10 Minuten durchkneten. Abdecken und ruhen lassen.
In der Zwischenzeit die Pilze putzen und blättrig aufschneiden. Die Zwiebel schälen und fein hacken. Die Tomaten putzen, würfeln und entkernen.
Die Hälfte der Butter in einem Topf erhitzen. Die Zwiebel darin glasig dünsten, dann die Pilze hinzufügen und unter ständigem Rühren weich dünsten. Nach 10 Minuten die Tomaten und die zerstoßenen Wacholderbeeren hinzufügen. Die Sauce aufkochen lassen, salzen und pfeffern. Nun zugedeckt auf kleiner Flamme etwa 30 Minuten schmurgeln lassen.
Unterdessen den Nudelteig hauchdünn ausrollen. Wenn Sie eine Nudelmaschine besitzen, mit dem Schneidaufsatz Tagliatelle zurechtschneiden. Ansonsten den dünnen Nudelteig aufrollen und mit einem scharfen Messer Tagliatelle abschneiden. Tagliatelle auf Küchentüchern ausbreiten.

Inzwischen die Sahne mit 2 Eßlöffeln geriebenem Käse erhitzen sowie einen großen Topf Salzwasser zum Kochen bringen. Die Tagliatelle hineingleiten lassen und al dente garen. Frische Nudeln sind in gut einer Minute gar, bei gekauften Nudeln die Angaben auf der Packung beachten.
Tagliatelle abgießen und in eine vorgewärmte Schüssel füllen. Mit der Pilzsauce überziehen. Die übrige Butter und die warme Sahne einarbeiten. Noch einmal großzügig salzen und pfeffern. Auf Teller verteilen und mit dem restlichen Parmesan bestreut zu Tisch bringen.

Ravioli con ripieno di funghi porcini
Ravioli mit Steinpilzfüllung

Für den Teig:
400 g Mehl, 3 Eier, 2 EL Olivenöl, Salz

Für die Füllung:
350 g Steinpilze, 1 Zwiebel, 1 Knoblauchzehe, 1–2 EL Butter, Salz und Pfeffer

Außerdem:
125 g Butter und 3 gehackte Knoblauchzehen, geriebener Parmesan zum Servieren

Aus den angegebenen Zutaten einen Nudelteig herstellen (s. Anleitung im vorhergehenden Rezept). Den Teig in eine Schüssel legen, abdecken und etwa eine Stunde ruhen lassen.
Die Steinpilze wie in der Einleitung beschrieben putzen. Zwiebel und Knoblauch schälen und zusammen mit den Pilzen fein hacken.
Die Butter in einer Pfanne zerlassen. Das vorbereitete Gemüse hineingeben und unter ständigem Rühren weich dünsten. Salzen und pfeffern und vom Herd ziehen.
Den Nudelteig portionsweise hauchdünn ausrollen, den Rest immer mit einem Küchentuch abdecken, damit er nicht austrock-

net. Den Teig zu Quadraten mit etwa 4 Zentimeter Kantenlänge ausrädeln. Die Hälfte der Quadrate zum Füllen, die andere Hälfte zum Abdecken verwenden.
Die Füllmasse in kleinen Kügelchen in die Mitte der Teigquadrate setzen. Mit den restlichen Teigquadraten abdecken und an den Rändern gut festdrücken. Die fertigen Ravioli auf ein Backblech setzen und abdecken.
Wie beschrieben fortfahren, bis alle Zutaten aufgebraucht sind.
Einen großen Topf Salzwasser zum Kochen bringen. Inzwischen die Butter zerlassen und mit den gehackten Knoblauchzehen aromatisieren.
Die Ravioli portionsweise ins sprudelnde Wasser gleiten lassen und sanft al dente garen. Mit einem Sieblöffel herausheben, kurz abtropfen lassen und auf Teller verteilen. Sofort mit der Knoblauchbutter beträufeln, damit die Ravioli nicht verkleben. Mit geriebenem Parmesan bestreuen und zu Tisch bringen.

Cappelle di funghi porcini
Gefüllte Steinpilzkappen

Diese Spezialität stammt aus der Basilikata. Peperoncino spielt eine tragende Rolle in der Küche dieser süditalienischen Region und sorgt auch bei diesen Steinpilzen für die entsprechende Schärfe.

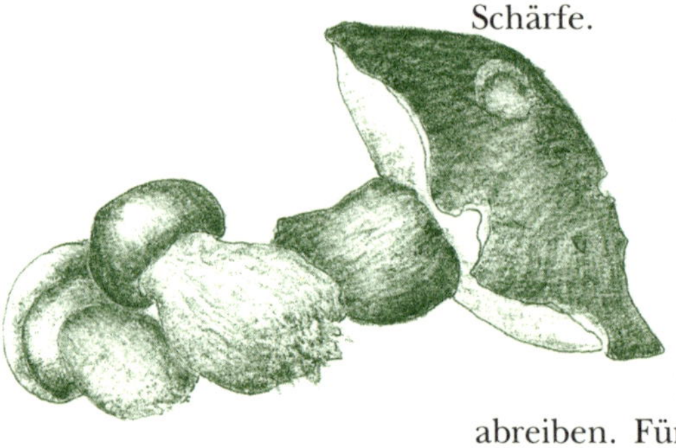

Zutaten für 4 Personen:
8 mittelgroße frische Steinpilzkappen, 2 Knoblauchzehen, fein gehackt, 4 EL gehackte Petersilie, 2 EL Paniermehl, 50 ml Olivenöl, Salz, 1 Prise gemahlener Peperoncino oder Cayennepfeffer, 1 TL getrockneter Oregano

Die Pilzkappen sorgfältig mit einem feuchten Tuch abreiben. Für die Füllung Knoblauch und Petersilie mit dem Paniermehl und 3 Eßlöffeln Olivenöl vermischen. Mit Salz und Peperoncino abschmecken.
Backherd auf 180 Grad vorheizen.

Eine Auflaufform mit dem restlichen Olivenöl auspinseln. Die Pilzkappen mit der Knoblauchmasse füllen und nebeneinander in die Form setzen. Mit Oregano bestreuen und 20 Minuten im heißen Ofen überbacken. Heiß oder kalt servieren.

Funghi ripieni
Gefüllte Pilze

Diese ligurische Spezialität können Sie heiß oder kalt als Antipasto servieren.

Zutaten für 4 Personen:
60 g altbackenes Weißbrot, 100 ml heiße Milch, 12 frische Pilze mit großen Kappen, 2 Knoblauchzehen, gehackt, 120 g geriebener Parmesan, 1 Prise getrockneter Oregano, 1 EL frische Majoranblättchen, Salz und Pfeffer, 1 Ei und 1 Eigelb, 7–8 EL Olivenöl

Das Brot grob zerpflücken und in heißer Milch einweichen. Inzwischen die Pilze putzen. Die Kappen häuten. Die Stiele abtrennen und fein hacken. Mit gehacktem Knoblauch, geriebenem Parmesan, Kräutern und Gewürzen vermischen.
Das Brot aus der Milch heben, gut abtropfen lassen und zusammen mit dem Ei und dem Eigelb in die Pilzmasse einarbeiten. Mit einem Eßlöffel Olivenöl geschmeidig rühren. Noch einmal mit Salz und Pfeffer abschmecken.
Den Backherd auf 180 Grad vorheizen.
Eine Auflaufform einölen. Die Pilzkappen mit der vorbereiteten Farce füllen und in die Form setzen. Mit dem Rest Öl beträufeln und rund 20 Minuten überbacken.

Torta salata di funghi
Pilzkuchen

Zutaten:
1 kg frische Pilze, 5 Knoblauchzehen, zerstoßen, Salz und Pfeffer, 4 EL Olivenöl, 1 Prise getrockneter Oregano

Für den Teig:
300 g Mehl, Salz, je 3 EL Butter und Olivenöl, 2–4 EL eiskaltes Wasser

Bereiten Sie zunächst den Kuchenteig vor. Das Mehl mit Salz, Butter und Öl vermischen, bis eine krümelige Masse entsteht. Nun eßlöffelweise das Wasser hinzufügen, bis der Teig eine gleichmäßige, nicht zu trockene, aber auch nicht zu feuchte Konsistenz aufweist. Den Teig rasch zu einer Kugel rollen, in Haushaltsfolie wickeln und mindestens 30 Minuten kühl stellen.
Inzwischen die Pilze wie in der Einleitung beschrieben putzen und blättrig aufschneiden. Pilze und Knoblauch in eine Pfanne geben, leicht salzen und etwa 10 Minuten leise dünsten, bis die Pilze Saft ziehen. Regelmäßig umrühren. Den gezogenen Saft abgießen.
Nun zwei Eßlöffel Öl und den Oregano hinzufügen. Das Pilzgemüse gut 15 Minuten weiterdünsten und mit Salz und Pfeffer abschmecken. Vom Herd nehmen und abkühlen lassen.
Backherd auf 200 Grad vorheizen und eine runde Kuchenform einölen.
Den Kuchenteig nun in zwei ungleiche Hälften teilen und ausrollen. Mit der größeren Teigscheibe Boden und Rand der Form auskleiden. Das Pilzgemüse einfüllen. Mit der zweiten Teigscheibe abdecken. Die Nahtstellen gut versiegeln. Mit einem Messer kleine Öffnungen in den Teigdeckel ritzen, damit der beim Backen entstehende Dampf entweichen kann.
40 Minuten im heißen Rohr backen. Vor dem Anschneiden 5 Minuten ruhen lassen.

Tartufi – Trüffeln

Eine Sonderstellung unter den italienischen Pilzen nehmen die Trüffeln ein. Die weitaus edelste Trüffelsorte ist die weiße Albatrüffel oder Tuber Magnatum Pico, wie ihr wissenschaftlicher Name lautet. Sie gedeiht in den Wäldern Piemonts und ist von Oktober bis Dezember frisch erhältlich. Gesucht werden die Trüffeln in Italien übrigens mit Hunden und nicht mit Schweinen.
Die Albatrüffel ist Gegenstand der alljährlich im Spätherbst stattfindenden Fiera del Tartufo in Alba und wird zu horrenden Preisen gehandelt. DM 1000 für ein Kilo dieser Köstlichkeit ist keine Seltenheit. Zum Glück genügen bereits wenige Gramm, um aus einem einfachen Teller Spaghetti einen kulinarischen Hochgenuß zu machen. Nicht ganz so edel wie die weiße Schwester, doch zweifelsohne eine sehr hochwertige Trüffelsorte ist die schwarze Norciatrüffel Tuber Melanosporum Vittadini, die im Sommer frisch auf den Markt kommt. Die größten Exemplare erreichen die Ausmaße einer Orange, während manchmal auch Winzlinge von der Größe einer Haselnuß angeboten werden. Daneben gibt es noch zahlreiche andere Trüffelsorten, die jedoch mit den edlen, hier beschriebenen Sorten wenig gemeinsam haben. Sie besitzen meist eine harte und grobe Schale und ein wesentlich derberes Aroma. Nehmen Sie sich vor unseriösen Händlern in acht, die oft versuchen, diese Trüffeln für teures Geld an ahnungslose Kunden loszuwerden.

Vorbereitung: Trüffeln vorsichtig mit einer feinen Bürste abreiben, um Erde und andere Verunreinigungen zu entfernen. Dann am besten mit einem Trüffelhobel unmittelbar vor dem Verzehr fein raspeln.

Aufbewahrung: Frische Trüffeln können Sie in eine Leinenserviette schlagen und einige Tage im Kühlschrank aufbewahren.

Patate ai tartufi
Kartoffelgratin mit Trüffeln

Zutaten für 4 Personen:
800 g Kartoffeln, 8 EL Olivenöl extravergine, Salz und Pfeffer, 1 Portion Béchamelsauce (siehe Grundrezept), 6 EL geriebener Parmesan, 1 kleine weiße Trüffel

Kartoffeln mit der Schale aufsetzen und weich kochen. Abgießen, kurz nachdämpfen lassen, dann schälen und in dünne Scheiben schneiden.
Backherd auf 200 Grad vorheizen.
Eine Auflaufform mit etwas Öl benetzen. Eine Schicht Kartoffelscheiben hineingeben, salzen und pfeffern. Mit etwas Béchamel überziehen und ein wenig Parmesan sowie ein paar Trüffelraspeln darüber verteilen. Die restlichen Zutaten wie beschrieben einschichten. Einige Trüffelraspeln zum Garnieren zurückbehalten.
Das Gratin 15 Minuten im heißen Rohr überbacken. Mit den restlichen Trüffelraspeln bestreuen und servieren.

Polpettine di polenta
Polentabällchen mit Trüffeln

Zutaten für 4 Personen:
300 g Polentamehl, Salz und Pfeffer, 300 g geriebener Greyerzer, 100 g geriebener Parmesan, 2 EL Mehl, 1 Prise Muskat, 250 ml Milch, 2 Eier und 4 Eigelbe, 1 kleine weiße Trüffel, 50 g Paniermehl, Öl zum Braten

Gut einen Liter Wasser zum Kochen bringen und leicht salzen. Das Polentamehl hineinrieseln lassen und unter ständigem Rühren etwa 45 Minuten kochen, bis eine Polenta mit relativ fester Konsistenz entsteht. Polenta auf ein Backblech streichen und erkalten lassen. Vom Blech stürzen und würfeln.
Die beiden Käsesorten mit Mehl, Salz und Pfeffer, Muskat, Milch

und den Eigelben in einen Topf füllen. Aufkochen lassen und 5 Minuten unter ständigem Rühren durchköcheln. Die Polentawürfelchen und die fein geraspelte Trüffel unterheben. Diese Mischung gründlich verrühren und wieder auf ein Backblech streichen. Erkalten und fest werden lassen. Etwa tischtennisballgroße Kügelchen abstechen. In Paniermehl, den beiden Eiern und wieder in Paniermehl wenden und in heißem Öl braten. Heiß mit einem Blattsalat als Beilage servieren.

Polenta con tartufi neri
Polenta mit schwarzen Trüffelraspeln

Zutaten für 4 Persoen:
500 g Polentamehl, Salz, 1 kleine schwarze Trüffel, 50 ml Olivenöl

Eindreiviertel Liter Wasser zum Kochen bringen und salzen. Das Polentamehl hineinrieseln lassen und unter ständigem Rühren 45 Minuten zu Brei kochen. Falls die Polenta zu weich gerät, die Hitzezufuhr erhöhen. Sollte sie zu trocken und hart wirken, etwas mehr Wasser hinzufügen. (Richten Sie sich eventuell nach den Angaben auf der Polentapackung.)
Die Trüffel fein raspeln. Etwas Öl in einem Pfännchen erhitzen und die Trüffelraspel hineingeben. Vom Herd nehmen und die Trüffeln im Öl ziehen lassen.
Eine Auflaufform einölen. Die Hälfte der Polenta einfüllen. Trüffelraspel und Öl darauf verstreichen. Mit der restlichen Polenta abdecken. Mit dem restlichen Öl beträufeln und kurz unter dem Backofengrill gratinieren.

Variation: Für dieses Rezept eignen sich auch gut Polentareste. Die Polenta in Dreiecke schneiden und in der Pfanne in etwas Olivenöl kroß braten. Mit Trüffelraspeln bestreuen und als Antipasto servieren.

Legumi
HÜLSENFRÜCHTE

Legumi – Hülsenfrüchte

Hülsenfrüchte spielen in der italienischen Küche eine weitaus größere Rolle als in unseren Breiten. Jahrhundertelang waren sie die wichtigsten Eiweiß- und Kohlehydratspender auf dem italienischen Speiseplan. Kartoffeln, die bei uns diese Funktion übernehmen, konnten sich nie so recht durchsetzen, und Fleisch war für die meisten Italiener, die in der Regel als Halbpachtbauern ihr Dasein fristeten, unerschwinglich teuer. Entscheidende Faktoren für die Beliebtheit der Hülsenfrüchte sind zudem Bekömmlichkeit, Sortenvielfalt, Geschmack und nicht zuletzt die hervorragende Lagerfähigkeit und Haltbarkeit.

Vorbereitung: Hülsenfrüchte werden je nach Sorte im Handel frisch oder getrocknet angeboten. Getrocknete Hülsenfrüchte sorgfältig verlesen und kleine Steinchen oder Erdkrümel entfernen. Die Hülsenfrüchte dann (mit Ausnahme von Linsen, die ohnehin eine vergleichsweise kurze Garzeit besitzen) vor dem Kochen stets mehrere Stunden oder über Nacht in kaltem Wasser einweichen. Abgießen und mit frischem Wasser aufsetzen und weich garen.

Ceci – Kichererbsen

Kichererbsen stammen aus dem Mittelmeerraum und werden bei uns nur getrocknet angeboten, weshalb sie vor der Verwendung mehrere Stunden in Wasser eingeweicht werden müssen. Die Garzeit der Kichererbsen hängt von Alter, Frische und Sorte ab, veranschlagen Sie ungefähr 2–2 1/2 Stunden.
Kichererbsen werden außerdem zu Mehl gemahlen, das in Italien als Grundlage für Fladenbrote und polentaähnliche Breie dient. Das Mehl bekommen Sie in orientalischen Spezialitätengeschäften.

Panelle
Sizilianische Kichererbsenbrötchen

Zutaten für 4 Personen:
200 g Kichererbsenmehl, 4 EL gehackte Petersilie, Salz, 2–3 EL Olivenöl, Öl zum Ausbacken, Saft einer Zitrone, 4 Brötchen, halbiert

Das Mehl in einen Topf schütten. Einen halben Liter zimmerwarmes Wasser hinzugießen und kräftig umrühren, damit sich keine Klümpchen bilden. Die gehackte Petersilie hinzufügen und salzen. Die Masse nun auf kleiner Flamme unter ständigem Rühren zu einem dicken Brei kochen. Sobald sich der Brei vom Topfboden löst, auf einen geölten Teller streichen. Mit einer Messerklinge, die in Wasser getaucht wurde, glätten. Die Schicht sollte etwa 5 Millimeter hoch sein. Erkalten und fest werden lassen, dann in Rechtecke schneiden.
Das Öl in einem Fritiertopf auf 180 Grad erhitzen (wenn Sie kein Thermometer besitzen, den Stiel eines Holzlöffels ins Öl tauchen. Das Öl hat die richtige Temperatur erreicht, wenn am Stiel entlang Bläschen aufsteigen).
Die Rechtecke nach und nach goldbraun ausbacken. Mit Zitronensaft beträufeln und die Brötchen damit belegen.

Die Panelle pur oder mit einem Blattsalat oder ein paar Oliven als kleinen Imbiß servieren.

Variation: Es gibt auch eine süße Version der Panelle für den Nachmittagskaffee. Das Kichererbsenmehl in einem Gemisch aus Wasser und Milch zu Brei kochen, statt Salz und Petersilie 50 Gramm Zucker einstreuen und ein Ei in den Brei einarbeiten. In neutralem Öl ausbacken und mit Puderzucker überstäuben.

Panissa
Kichererbsenbrei

Zutaten:
Salz, 250 g Kichererbsenmehl, 4 EL Olivenöl für die Schälchen, 2 Bund Frühlingszwiebeln, fein geschnitten

Einen Liter Wasser aufsetzen und salzen. Das Kichererbsenmehl in das warme, aber nicht kochende Wasser streuen. Auf kleiner Flamme zu einem Brei rühren. Sobald der Brei sich vom Topfboden löst, in geölte Schälchen füllen und mit den Frühlingszwiebeln anrichten.

Variation: Panissa schmeckt warm oder kalt. Statt Panissa wie eine Art Polenta zu servieren, kann man den Brei auch auf ein Blech streichen, fest werden und erkalten lassen. Dann in Streifen schneiden und in etwas Öl in der Pfanne knusprig braten.

Zuppa di ceci
Kichererbsensuppe

Zutaten für 4 Personen:
300 g Kichererbsen, über Nacht eingeweicht, 20 g getrocknete Pilze, feines Gemüsehack aus 1 Zwiebel, 2 Knoblauchzehen, 1 Mohrrübe, 1 Selleriestengel, 300 g Tomatenpüree, 300 g feinstieliger Mangold, geputzt und grob zerkleinert, 4 EL Olivenöl, Salz und Pfeffer, geröstete Weißbrotscheiben

Kichererbsen abgießen und in einen Topf schütten. Zwei Fingerbreit mit frischem Wasser bedecken. Aufkochen lassen, dann sanft sprudelnd weich garen.
Währenddessen die Pilze mit warmem Wasser übergießen und 20 Minuten einweichen. Abgießen, fein hacken und beiseite stellen.
Das Gemüsehack nach gut einer Stunde zu den Kichererbsen geben. Nach weiteren 10 Minuten Pilze, Tomatenpüree, Mangold, Olivenöl, Salz und Pfeffer hinzufügen. Alles gemeinsam fertiggaren.
Suppenteller mit dem gerösteten Brot auslegen. Die Suppe darüber gießen und heiß servieren.

Polenta e ceci
Polenta mit Kichererbsen

Zutaten für 4 Personen:
200 g Kichererbsen, über Nacht eingeweicht, 1 Selleriestengel, 1 Zwiebel, in Ringe geschnitten, 1 EL Tomatenmark. Salz und Pfeffer, 400 g Polentamehl, 4 EL Olivenöl, 1 scharfe rote Pfefferschote

Kichererbsen abgießen und in einen Topf schütten. Den geputzten Selleriestengel grob zerkleinern und hinzufügen. Kichererbsen zwei Fingerbreit mit frischem Wasser bedecken. Aufkochen lassen, dann sanft sprudelnd weich garen.
Inzwischen die Zwiebelringe mit eineinhalb Liter Wasser, dem

Tomatenmark und einer Prise Salz aufsetzen. Zum Kochen bringen und das Polentamehl hineinrieseln lassen. Dabei ständig umrühren, damit sich keine Klümpchen bilden. 45 Minuten unter ständigem Rühren zu Brei kochen. Wenn Sie einen etwas flüssigeren Brei bevorzugen, ab und zu etwas warmes Wasser hinzufügen.

Das Olivenöl mit der Pfefferschote aromatisieren. Dazu das Öl in ein Töpfchen geben, sanft erwärmen und die ganze Pfefferschote hineingeben. Etwa 10 Minuten darin ziehen lassen. Pfefferschote entfernen und wegwerfen.

Die Polenta auf eine Servierplatte häufen. Die Kichererbsen abgießen, herzhaft salzen und pfeffern und um die Polenta herum verteilen. Mit dem Öl beträufeln und zu Tisch bringen.

Fagiolini verdi – grüne Bohnen

Die Heimat der grünen Bohnen ist Mittelamerika, ihre Hülsen mit den noch kleinen Kernen werden frisch als Gemüsebohnen verwendet, während man die ausgereiften Kerne als Trockenbohnen nutzt. Frische grüne Bohnen gibt es den ganzen Sommer über zu kaufen. Leider welkt das empfindliche Gemüse im Supermarkt sehr rasch. Achten Sie daher auf Bohnen mit einer knackigen Konsistenz (sie brechen sauber auseinander), einer samtigen Haut und einem satten Grünton.

Vorbereitung: Die Enden abtrennen und eventuell die groben Fäden abziehen. Je nach Größe auseinanderbrechen.

Zuppa di fagiolini
Grüne-Bohnen-Suppe

Zutaten für 4 Personen:
4 EL Olivenöl, 2 Knoblauchzehen, zerstoßen, 1 scharfe rote Pfefferschote, 400 g reife Tomaten, gewürfelt, 500 g grüne Bohnen, geputzt und in 2–3 cm lange Stücke gebrochen, 8–10 Basilikumblätter, Salz, einige geröstete Weißbrotscheiben

Das Olivenöl in einem Topf erhitzen. Knoblauch und Pfefferschote darin andünsten. Die Tomatenstückchen hinzufügen und 10 Minuten leise köcheln lassen. Die Bohnen dazugeben und 2–3 Minuten in der Tomatensauce schwenken.
Mit gut einem Liter Wasser auffüllen und zum Kochen bringen. Die Bohnen nun zugedeckt auf kleiner Flamme weich garen. Zum Schluß das grob zerzupfte Basilikum einrühren und salzen. Die Pfefferschote wieder entfernen.
Suppenschalen mit den gerösteten Brotscheiben auslegen. Die Suppe darüber verteilen und heiß servieren.

Minestra di fagiolini e riso
Bohnensuppe mit Reis

Zutaten für 4 Personen:
400 g grüne Bohnen, 100 g Reis, 2 Knoblauchzehen, 3 Salbeiblätter, 1 Handvoll Kerbelblätter, 2 EL Olivenöl, 1 Lorbeerblatt, Salz, 4 EL geriebener Grana oder Parmesan

Die Bohnen putzen und in 2 Zentimeter lange Stücke brechen. Mit gut einem Liter Wasser aufsetzen und darin bißfest garen.
Den Reis in Salzwasser al dente garen und abgießen.
Während Bohnen und Reis garen, Knoblauch, Salbei und Kerbel hacken und in Öl andünsten. Diese Mischung und das Lorbeerblatt in die Bohnensuppe geben. Salzen und wieder aufkochen lassen. Noch einige Minuten durchkochen, damit sich die Aromen verbinden.
Den Reis auf Suppenteller verteilen. Mit der Bohnensuppe übergießen, mit geriebenem Käse bestreuen und zu Tisch bringen.

Torta di fagiolini e patate
Bohnen-Kartoffel-Kuchen

Zutaten für 4 Personen:
800 g Prinzeßbohnen, 600 g Kartoffeln, Salz und Pfeffer, 2 Knoblauchzehen, 1 kleines Bund Petersilie, 1 EL frische Majoranblättchen, 4–5 Salbeiblätter, je 5–6 Basilikum- und Liebstöckelblätter, 1 Thymianzweig, 1 Lorbeerblatt, 4 EL Butter, 4 Eier, 6 EL geriebener Parmesan, 3–4 EL flüssige Sahne (nach Bedarf)

Bohnen und Kartoffeln putzen bzw. schälen und getrennt in Salzwasser weich kochen. Abgießen und pürieren.
Während das Gemüse kocht, den Knoblauch und sämtliche Kräuter fein hacken. 3 Eßlöffel Butter in einer weiten Pfanne aufschäumen lassen. Die Kräutermischung einige Minuten darin andünsten, dann das Gemüsepüree hinzufügen. Salzen und pfeffern.

Die Pfanne vom Herd ziehen und etwas abkühlen lassen. Die Eier leicht verquirlen und mit der Kräuter-Gemüse-Mischung verrühren. Den Parmesan unterziehen und mit Salz und Pfeffer abschmecken. Sollte dieser Kartoffelteig zu trocken wirken, mit einem Schuß Sahne verflüssigen.
Backofen auf 180 Grad vorheizen und eine runde Kuchenform buttern. Den Kartoffelteig einfüllen und mit Butterflöckchen bedecken. 35–40 Minuten backen. Heiß oder zimmerwarm servieren.

Tip: Reichen Sie zu diesem Kuchen eine leichte Tomatensauce (siehe z. B. Rezepte auf den Seiten 20, 22, 90).

Fagiolini alla fiorentina
Grüne Bohnen Florentiner Art

Zutaten für 4 Personen:
600 g grüne Bohnen, Salz und Pfeffer, 1 Zwiebel, in feine Ringe geschnitten, 4 EL Olivenöl, 1/2 TL Fenchelsamen, 250 g Tomatenpüree

Die Bohnen waschen und in Salzwasser bißfest garen. Abgießen und kalt abschrecken, dann erst putzen.
Die Zwiebelringe in Olivenöl weich dünsten. Die Bohnen, die zerstoßenen Fenchelsamen, Salz und Pfeffer hinzufügen und 5 Minuten dünsten. Das Tomatenpüree einrühren, heiß werden lassen und etwa 20 Minuten leise durchköcheln. Abschmecken und als Beilage servieren.

Fagioli – dicke Bohnen

Das vielfältige Angebot an dicken Bohnen auf italienischen Märkten ist faszinierend. In großen Säcken gibt es kleine weiße Cannellinibohnen, braun gesprenkelte Borlotti, grünlich-graue Favabohnen, bräunliche Platterbsen und cremeweiße bis hellgrüne Limabohnen. Bei uns werden dicke Bohnen meist getrocknet angeboten. Da die Garzeit getrockneter Bohnenkerne von Alter und Frische abhängt, sollten Sie nur Bohnen kaufen, die nicht zu lange gelagert wurden und noch glatt und rund aussehen. Bohnen, die Sie in Ihrem Vorratsregal vergessen haben, sollten Sie zwar nicht mehr essen, können Sie aber immer noch als Gewicht zum Blindbacken verwenden. Wenn Sie beim Gemüsehändler einmal erntefrische Bohnenkerne entdecken, sollten Sie zugreifen – sie besitzen einen unvergleichlichen Schmelz und zergehen auf der Zunge.

Vorbereitung: Getrocknete Bohnenkerne mindestens 4–6 Stunden oder über Nacht in kaltem Wasser einweichen. Abgießen, abbrausen und mit frischem Wasser aufsetzen. Die Garzeit beträgt rund 90 Minuten. Frische Bohnenkerne brauchen nicht eingeweicht zu werden und sind meist schon in 20 Minuten gar. (Favabohnenkerne vor der Zubereitung von dem Häutchen befreien.) Es herrscht keine einhellige Meinung darüber, ob man das Kochwasser der Bohnen salzen soll oder nicht. In Italien kocht man die Bohnen traditionsgemäß ohne Salz, gibt dafür aber einen Thymianzweig oder ein Lorbeerblatt ins Kochwasser, was den Bohnen ein feines Aroma verleiht.

Combinata monferrina
Nudelsuppe mit Barbera und dicken Bohnen

Zutaten für 4 Personen:
250 g getrocknete oder 500 g frische (vorzugsweise die gesprenkelten Borlottibohnen) Bohnenkerne, 4 EL Olivenöl, 3 Knoblauchzehen, gehackt, 1 Zwiebel, gehackt, 1 Selleriestengel, gehackt, 4–5 Basilikumblätter, gehackt, 400 g Tomaten, gehäutet, entkernt und gewürfelt, Salz, 2 mittelgroße Kartoffeln, geschält und gewürfelt, 1/2 l Barbera (oder ein anderer trocken-kräftiger Rotwein), 200 g Taglierini (oder andere feine Schnittnudeln)

Die getrockneten Bohnenkerne über Nacht einweichen. Abgießen und unter kaltem Wasser abspülen.
Das Olivenöl in einem Topf erhitzen. Das gehackte Gemüse und Basilikum hinzufügen und 5 Minuten andünsten. Die Tomatenstückchen dazugeben, salzen und 10–15 Minuten auf kleiner Flamme schmurgeln lassen. Jetzt die Bohnen in die Tomatensauce schütten und zwei Fingerbreit mit Wasser bedecken. Zum Kochen bringen, dann auf kleiner Flamme weich kochen (siehe Einleitung). Etwa 20 Minuten vor Ende der Garzeit die Kartoffelwürfel und den Barbera hinzufügen. Wieder zum Kochen bringen und fertiggaren.
Die Taglierini separat in sprudelndem Salzwasser al dente garen. Abgießen und auf Suppenschalen verteilen. Mit der Bohnensuppe auffüllen und heiß servieren.

Macco di fave secche
Puffbohnenpüree

Zutaten für 4 Personen:
500 g getrocknete Puff- bzw. Favabohnen, 7–8 Basilikumblätter, 1 Zwiebel, in dünne Ringe geschnitten, 1 Tomate, gehäutet und gewürfelt, Salz, 1 TL Zucker, 1 scharfe rote Pfefferschote, entkernt und zerstoßen, 6 EL Olivenöl, 6 EL geriebener Pecorino

Die Bohnen über Nacht in Wasser einweichen. Abgießen und in einen Topf schütten. Das Basilikum grob zerzupfen und zusammen mit Zwiebelringen und Tomatenwürfeln zu den Bohnen geben. Knapp mit Wasser bedecken und leise sprudelnd rund 2 Stunden garen, bis die Bohnen zerfallen. Gegen Ende der Garzeit mit Salz, Zucker und Pfefferschote würzen.
Vom Herd nehmen und mit Olivenöl und Pecorino verrühren. Heiß servieren.

Maccu di San Giuseppe
»Josefsbrei«

Mit Macco oder sizilianisch »Maccu« bezeichnet man einen einfachen Brei aus Hülsenfrüchten. Dieser Brei wird mancherorts auch heute noch nach alter Tradition am 19. März, dem Tag des heiligen Josef, auf dem Dorfplatz zubereitet und an Passanten ausgegeben. Der Ursprung dieses Brauchs ist vermutlich nicht nur in der Nächstenliebe, sondern auch in den Erfordernissen der Vorratshaltung zu suchen. Auf diese Weise hatte man nämlich Gelegenheit, rechtzeitig vor dem Frühjahr, wenn es wieder frische Erbsen und Bohnen gibt, die getrockneten und über den Winter gelagerten Hülsenfrüchte aufzubrauchen.

Zutaten für 4 Personen:
2 x 150 g verschiedene getrocknete Bohnenkerne (z. B. Puffbohnen und Borlottibohnen), 100 g getrocknete Kichererbsen, 100 g getrocknete

Erbsen, 100 g Linsen, 1 TL Fenchelsamen, 2–3 zarte Selleriestengel, 3 getrocknete Tomaten, Salz und Pfeffer, 3 Knoblauchzehen, gehackt, 8 EL Olivenöl

Die getrockneten Hülsenfrüchte verlesen und mehrere Stunden einweichen. Abgießen und in einen Topf geben. Mit Wasser bedecken und weich garen, bis sie zerfallen. Sie müssen die Hülsenfrüchte hier nicht – wie sonst ratsam – nach Sorten getrennt garen, weil sie sowieso zu Brei zerkochen sollen und die unterschiedlich langen Garzeiten daher keine Rolle spielen.
Den Sellerie und die getrockneten Tomaten fein würfeln und gegen Ende der Garzeit unter die Hülsenfrüchte geben. Die zerkochten Hülsenfrüchte durch die Gemüsemühle passieren und wieder in den Topf zurückschütten. Kräftig salzen und pfeffern, den Knoblauch hinzufügen und mit Olivenöl geschmeidig rühren.
Servieren Sie den Macco pur, als beliebte Beigabe zu Pasta oder zu Crostini.

Variation: In manchen Gegenden verfeinert man den Macco mit etwa 150 Gramm Kastanien (Maronen), die geschält und mit den Hülsenfrüchten mitgekocht werden.

Pastina con fave fresche e zucca
Sizilianische Bohnen-Kürbis-Suppe

Zutaten für 4 Personen:
3 EL Olivenöl, 500 g Kürbisfleisch, gewürfelt, 350 g frische Favabohnenkerne (geschält und gehäutet), 200 g Pastina (kleine Suppennudeln), Salz und Pfeffer, Olivenöl zum Servieren

Das Olivenöl in einem Topf erhitzen. Die Kürbiswürfel darin andünsten, bis sie rundum glänzen. Die Favabohnen hinzufügen und mit eineinhalb Liter Wasser auffüllen. Zum Kochen bringen, dann auf kleiner Flamme garen, bis das Gemüse zerfällt und eine sämig-dicke Suppe entsteht. Die Suppennudeln hinzufügen und in der Suppe al dente garen. Mit Salz und Pfeffer abschmecken und auf Teller verteilen. Bei Tisch jede Portion mit einem Schuß Olivenöl abrunden.

Minestra di fave
Favabohnensuppe

Zutaten für 4 Personen:
1 Zwiebel, 4–5 Salbeiblätter, 1 Rosmarinzweig, 1–2 EL Butter, 500 g frische Puff- bzw. Favabohnenkerne (geschält und gehäutet), Salz, 200 g Fettuccine, 4 EL geriebener Parmesan

Zwiebel, Salbei und Rosmarinnadeln fein hacken. Die Butter in einem Topf erhitzen und das Hack darin Farbe nehmen lassen. Die Favabohnen hinzufügen und einige Minuten andünsten. Gut einen Liter warmes Wasser hinzufügen und zum Kochen bringen. Dann zugedeckt auf kleiner Flamme garen, bis die Favabohnen zu zerfallen beginnen. Die Suppe salzen.
Die Fettuccine in einem zweiten Topf knapp al dente garen. Abgießen und in die Bohnensuppe rühren. Parmesan hinzufügen und noch einmal abschmecken. Heiß servieren.

Minestra di verdure e legumi
Sizilianische Gemüsesuppe

Zutaten für 4 Personen:
200 g getrocknete Favabohnenkerne, 200 g weiße oder gesprenkelte Bohnenkerne (getrocknet), 1 Gemüsezwiebel, in Ringe geschnitten, 100 g Mohrrüben, in Scheiben geschnitten, 2 Selleriestengel, in Streifen geschnitten, 3 EL Olivenöl, 1 Fleischtomate, gewürfelt, 200 g Weißkohl, feinstreifig geschnitten, 200 g Kopfsalat, 200 g Endiviensalat, Salz und Pfeffer, Olivenöl zum Servieren

Die Bohnen nach Sorten getrennt in Wasser einweichen, abgießen und nach Sorten getrennt weich garen (s. Einleitung).
Zwiebelringe, Mohrrüben und Sellerie in einem großen Topf, in dem später auch die Bohnen samt Kochwasser Platz haben, in Olivenöl andünsten.
Die Tomatenwürfel hinzufügen und mit gut einem Liter Wasser auffüllen. Zum Kochen bringen und zugedeckt leise köcheln lassen. Nach etwa 20 Minuten den Kohl und die grob zerzupften Salatblätter hinzufügen.
Die inzwischen weichgegarten Bohnen mit ihrem Kochwasser hinzuschütten.
Die Minestra einmal aufkochen lassen und großzügig salzen und pfeffern. Vom Herd nehmen und auf Teller verteilen. Jede Portion mit einem Schuß Olivenöl abrunden.

Pasta con i fagioli freschi
Pasta mit frischen Bohnenkernen

Für das Originalrezept, das aus Ligurien stammt, nimmt man frische Fava- oder Puffbohnen. Sie können dafür aber auch jede andere Bohnensorte verwenden. Die weißen Cannellini- oder die braun gesprenkelten Borlottibohnen, aber auch schwarze Bohnen oder rote Kidneybohnen passen hierzu.

Zutaten für 4 Personen:
1 EL Butter, 2 EL Olivenöl, 1 Zwiebel, gehackt, 1 Knoblauchzehe, gehackt, 1 TL gehackte Rosmarinnadeln, 500 g frische Bohnenkerne, 350 g kurze Pasta (z. B. Maltagliati, Farfalle), 4 EL geriebener Parmesan

Butter und Olivenöl in einem Topf erhitzen. Zwiebel, Knoblauch und Rosmarin unter ständigem Wenden darin andünsten. Die Bohnenkerne hinzufügen und einige Minuten anrösten. Mit Wasser bedecken und sanft sprudelnd weich garen.
In der Zwischenzeit die Pasta in Salzwasser al dente kochen. Abgießen und mit dem Bohnengemüse anrichten. Mit geriebenem Parmesan bestreuen und zu Tisch bringen.

Fagioli bolliti
Sardisches Bohnengemüse

Eine denkbar einfache und schmackhafte Gemüsebeilage, die Sie mit Fava- bzw. Puffbohnen oder anderen dicken Bohnen zubereiten können.

Zutaten für 4 Personen:
500 g frische Bohnenkerne, 2 Knoblauchzehen, 1 EL frisch gehackte Minze, Salz und Pfeffer, 5 EL Olivenöl

Die Bohnenkerne mit dem geschälten und zerstoßenen Knoblauch und der Minze in einen Topf geben. Mit Wasser bedecken und auf kleiner Flamme weich garen. Abgießen und noch heiß mit Salz, Pfeffer und Olivenöl anmachen. Heiß oder zimmerwarm servieren.

Lenticchie – Linsen

Linsen stammen aus Mesopotamien und gehören zu den ältesten Agrarprodukten überhaupt. Die eiweißhaltigen Früchte gibt es in so vielen verschiedenen Spielarten, daß sie meist nur nach ihrer Farbe benannt werden: gelbe und orangefarbene Linsen, grüne und braune Linsen. Für die Küche schätzt man besonders die kleinen, schwarz-grauen Puy-Linsen aus Frankreich, weil sie beim Kochen ihre Form behalten. In Italien gelten die winzigkleinen grünen Linsen aus Castelluccio als besondere Delikatesse. Sie werden nur in geringem Umfang (etwa 50 Erzeuger) und rein biologisch nach genau festgelegten Richtlinien angebaut und sind daher außerhalb ihrer Ursprungsregion kaum zu haben. Da diese Linsen jedoch ein ausnehmend zartes Aroma und hervorragende Kocheigenschaften besitzen, sollten Sie bei Ihrem nächsten Italienbesuch danach Ausschau halten.

Minestra di lenticchie e borraggine
Linsensuppe mit Borretsch

Zutaten für 4 Personen:
4 EL Olivenöl, 1 Knoblauchzehe, gehackt (nach Wunsch), 200 g Linsen, 600 g Borretsch (ersatzweise feinstieliger Mangold), 200 g reife Tomaten, gewürfelt, Salz und Pfeffer

2 Eßlöffel Olivenöl in einem Topf erhitzen. Nach Wunsch den Knoblauch darin andünsten. Dann die Linsen einstreuen und mit 1 Liter Wasser auffüllen. Zum Kochen bringen, dann zugedeckt in 20–30 Minuten leise weich garen.
Inzwischen den Borretsch oder Mangold putzen und grob zerkleinern. In die Suppe rühren und zusammenfallen lassen. Die Tomatenwürfel hinzufügen und heiß werden lassen. Kräftig mit Salz

und Pfeffer abschmecken, mit dem restlichen Olivenöl verfeinern und servieren.

Variation: In Kampanien reichert man diese Suppe mit gerösteten Weißbrotscheiben an.

Zuppa di lenticchie al latte
Linsencremesuppe

Zutaten für 4 Personen:
400 g Linsen, 1 Knoblauchzehe, gehackt, 1 Zwiebel, fein gehackt, 2 EL Butter, 750 ml warme Milch, 1 Gewürznelke, Salz und Pfeffer, 4 EL geriebener Grana oder Parmesan, geröstetes Weißbrot (nach Wunsch)

Die Linsen in reichlich Wasser sehr weich garen. Abgießen und pürieren.
Knoblauch und Zwiebel in einem Eßlöffel Butter weich dünsten, das Linsenpüree hinzufügen und unter ständigem Rühren nun langsam die warme Milch dazugießen. Mit Nelke, Salz und Pfeffer würzen. Die Suppe sanft zu einer Creme eindicken lassen. Den Käse und die restliche Butter einarbeiten und vom Herd nehmen. Nach Wunsch mit geröstetem Weißbrot servieren.

Piselli – Erbsen

Seit Jahrtausenden gehören Erbsen zu den wichtigsten Grundnahrungsmitteln. Grüne Erbsen werden frisch gegessen, andere werden nach der Ernte getrocknet und als Gemüse verarbeitet oder zu Mehl gemahlen. Aus diesem Erbsmehl wird beispielsweise auch die sogenannte »Erbswurstsuppe« gemacht, die Mitte des 19. Jahrhunderts als Soldatennahrung erfunden wurde.

Vorbereitung: Frische Erbsen aus ihrer Hülse lösen und nach Rezept verarbeiten. Die Hülsen können Sie auskochen und als Grundlage für Suppen verwenden. Getrocknete Erbsen gibt es ganz und als Splittererbsen zu kaufen. Sie müssen einige Stunden oder über Nacht eingeweicht werden. Die Garzeit für ganze getrocknete Erbsen beträgt 60–75 Minuten, für Splittererbsen ca. 45 Minuten.

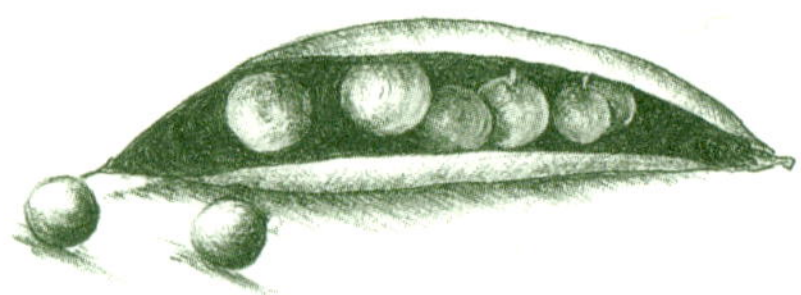

Minestra di piselli e patate
Erbsensuppe mit Kartoffeln

Zutaten für 4 Personen:
1 kg frische Erbsen (Gewicht mit Hülsen), 600 g mehlig kochende Kartoffeln, 1 Zwiebel, 4 EL Olivenöl, Salz und Pfeffer, 4 EL gehackte Peterilie, geröstete Weißbrotscheiben zum Servieren

Die Erbsen auspahlen, die Kartoffeln schälen und würfeln. Die Zwiebel schälen und in dünne Ringe schneiden.
Das Olivenöl in einem Topf erhitzen. Die Zwiebelringe darin anschwitzen, dann die Kartoffeln hinzufügen und etwa 5 Minuten andünsten. Die Erbsen dazugeben und einige Minuten dünsten, bis sie rundum glänzen. Großzügig mit Wasser bedecken und aufkochen lassen. Das Gemüse auf kleiner Flamme weich garen. Abschließend salzen und pfeffern und mit Petersilie verfeinern.

Das geröstete Brot auf Suppenteller verteilen. Die Suppe darüber gießen und heiß servieren.

Zuppa alla comasca
Erbsensuppe nach der Art von Como

In der Gegend von Como wurde diese Suppe traditionsgemäß zu Verlobungsfeiern serviert.

Zutaten für 4 Personen:
100 g getrocknete Bohnenkerne, 500 g frische Erbsen (Gewicht mit Hülsen), 400 g vorwiegend mehlig kochende Kartoffeln, 150 g Mohrrüben, 1 Knoblauchzehe, gehackt, 1 Selleriestengel, gehackt, 1 Zwiebel, gehackt, 2 EL Butter, Salz, 400 g Tomatenpüree, 400 g Wirsing, feinstreifig aufgeschnitten, 4 EL geriebener Parmesan, geröstete Weißbrotscheiben zum Servieren

Bohnenkerne über Nacht in Wasser einweichen, die Erbsen auspahlen und beiseite stellen. Die Kartoffeln schälen und grob würfeln, die Mohrrüben putzen und in dicke Scheiben schneiden.
Knoblauch, Sellerie und Zwiebel in Butter andünsten und salzen. Bohnen abgießen und mit Kartoffeln und Mohrrüben in den Topf geben. Einige Minuten in der heißen Butter schwenken. Das Tomatenpüree einrühren und heiß werden lassen. Eineinhalb Liter Wasser aufgießen und zum Kochen bringen. Das Gemüse auf kleiner Flamme weich garen. Etwa 15 Minuten vor Ende der Garzeit die Erbsen und den feingeschnittenen Wirsing hinzufügen und mitkochen. Mit Salz abschmecken. Suppe vom Herd nehmen und mit Parmesan verfeinern. Die Brotscheiben auf Suppenteller verteilen. Die Suppe darüber gießen und heiß servieren.

Zuppa di piselli
Südtiroler Erbsensuppe

Zutaten für 4 Personen:
400 g getrocknete Splittererbsen, 1 Zwiebel, in dünne Ringe gehobelt, 3 EL Butter, 150 g Sahne, 4 EL gehackte Petersilie, Salz und Pfeffer, 1 Handvoll Croûtons, geriebener Parmesan zum Servieren (nach Wunsch)

Die Erbsen 30–60 Minuten in kaltem Wasser einweichen. Abgießen, mit frischem Wasser aufsetzen und weich garen.
In der Zwischenzeit die Zwiebelringe in einem Eßlöffel Butter weich dünsten. Unter die weich gekochten Erbsen rühren. Die Sahne, die restliche Butter und die Petersilie hinzufügen und heiß werden lassen. Kräftig mit Salz und Pfeffer abschmecken. Auf Teller verteilen und mit den Croûtons bestreuen. Nach Wunsch geriebenen Parmesan dazu reichen.

Risotto con piselli e carciofi
Risotto mit Erbsen und Artischocken

Zutaten für 4 Personen:
6 Artischocken, geputzt und in feine Spalten geschnitten (siehe dazu auch Seite 59), je 2 EL Butter und Olivenöl, Salz und Pfeffer, 50 ml Weißwein (nach Wunsch), 1 Zwiebel, gehackt, 150 g gepahlte Erbsen (ohne Hülsen), 350 g Risottoreis (z. B. Arborio oder Carnaroli), 4 EL geriebener Parmesan

Die Artischocken in je einem Eßlöffel Butter und Öl andünsten. Salzen, den Weißwein oder die entsprechende Menge Wasser angießen und zugedeckt weich garen. Die Artischocken durch ein Sieb oder die Gemüsemühle passieren und mit etwas warmem Wasser geschmeidig rühren.
Während die Artischocken garen, die Zwiebel im restlichen Fett anschwitzen. Die Erbsen und den Reis hinzufügen und andün-

sten, bis sie rundum glänzen. Mit etwa einem Liter Wasser auffüllen und al dente garen. Der Reis sollte dann die gesamte Flüssigkeit aufgesogen haben.
Das Artischockenpüree und den Parmesan einrühren. Abschmecken und heiß servieren.

Pasta con il sugo di piselli
Pasta mit Erbsensauce

Zutaten für 4 Personen:
800 g frische Erbsen (Gewicht mit Hülsen), 1 Zwiebel, gehackt, 1 Selleriestengel, gehackt, 4 EL Olivenöl, 400 g Eiertomaten, gehackt, Salz und Pfeffer, 360 g Pasta nach Wahl

Die Erbsen auspahlen und beiseite stellen.
Zwiebel und Sellerie in Olivenöl andünsten. Die Erbsen hinzufügen und kurz anschwitzen, bis sie rundum glänzen. Die Tomatenstückchen dazugeben und heiß werden lassen. Die Sauce 20–25 Minuten auf kleiner Flamme köcheln lassen. Salzen und pfeffern.
Die Pasta in reichlich sprudelndem Salzwasser al dente garen. Abgießen und mit der Erbsensauce anrichten.

Frittata con piselli alla maltese
Erbsenfrittata nach der Art von Malta

Zutaten für 4 Personen:
600 g frische Erbsen (Gewicht mit Hülsen), 8 EL Olivenöl, 1 Knoblauchzehe, gehackt, 4 EL gehackte Petersilie, 1 EL gehackte Minzeblättchen, 6–8 Eier, Salz und Pfeffer, 3 EL Paniermehl, 6 EL geriebener Pecorino

Die Erbsen auspahlen und in etwas Olivenöl anschwitzen, bis sie rundum glänzen. Knoblauch und Kräuter hinzufügen und einige Minuten dünsten. Knapp mit Wasser bedecken und garen, bis die

Erbsen weich sind, aber noch leuchtend grün aussehen (ca. 10 Minuten). Vom Herd nehmen und beiseite stellen.
Die Eier verquirlen, salzen und pfeffern, Paniermehl und Pecorino sowie die vorgegarten Erbsen mit ihrem Fond unterziehen. Die Frittata nach dem Grundrezept auf Seite 280 auf beiden Seiten goldbraun braten.

Piselli in bardino
Erbsen mit Knoblauch und Oregano

Dieses einfache Erbsengericht aus den Marken ergibt eine feine Gemüsebeilage.

Zutaten für 4 Personen:
1 kg frische Erbsen (Gewicht mit Hülsen), 1 Zwiebel, gehackt, 1 Knoblauchzehe, gehackt, 3 EL Olivenöl, 1 EL Butter, 1 großzügige Prise Oregano, Salz und Pfeffer

Die Erbsen auspahlen und beiseite stellen.
Zwiebel und Knoblauch in Olivenöl und Butter andünsten. Den Oregano einstreuen und dünsten, bis sich sein intensiver Duft entfaltet. Nun die Erbsen hinzugeben und anschwitzen, bis sie rundum glänzen. Knapp mit Wasser bedecken und leise garen, bis die Erbsen weich sind, aber noch leuchtend grün aussehen (ca. 10 Minuten). Mit Salz und Pfeffer abschmecken.

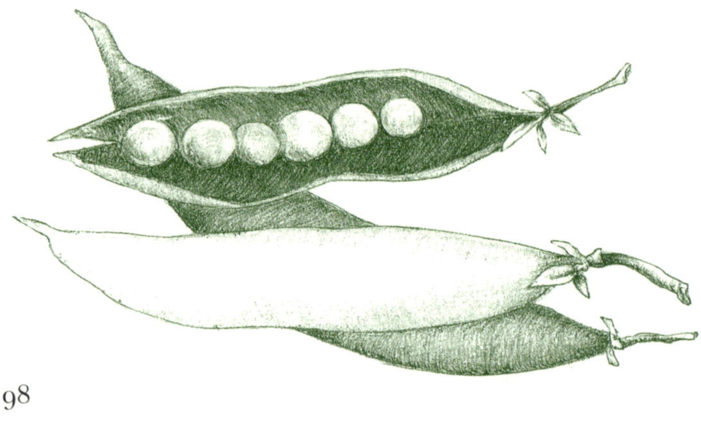

Granaglie
GETREIDE

Granaglie – Getreide

Was bei uns über die Vollwertwelle wieder salonfähig geworden ist, hat in der traditionellen Landküche Italiens seit langem einen festen Platz. Getreide wird nicht nur zu Mehl gemahlen, sondern in ganzen Körnern zu deftigen Eintöpfen und Suppen verarbeitet. In Privathaushalten macht man sich zwar kaum mehr die Mühe, diese zeitraubenden Spezialitäten zuzubereiten, aber in den Osterie, den typischen Landgasthäusern, werden sie nach wie vor angeboten.

Vorbereitung: Für Getreide – mit Ausnahme von Reis, den Sie ebenfalls in diesem Kapitel finden – gelten dieselben Grundregeln wie für Hülsenfrüchte: Die Getreidekörner müssen vor dem Garen einige Stunden in Wasser eingeweicht werden und besitzen eine verhältnismäßig lange Garzeit. Nach dem Garen jedoch nicht sofort abgießen, sondern etwa 10 Minuten nachquellen lassen.

Farro – Emmer

Emmer oder Zweikorn ist eine Weizenart mit zweiblütigen Ährchen. Dieses weitgehend in Vergessenheit geratene Getreide wird heute hauptsächlich in Umbrien und der Toskana angebaut und zu herzhaften Gerichten verarbeitet.

Vorbereitung: Die Körner 8 Stunden in Wasser einweichen; die Garzeit beträgt eine knappe Stunde.

Gran farro
Bohnen-Emmer-Püree

Zutaten für 4 Personen:
100 g getrocknete oder 200 g frische rote Bohnenkerne, 1 Thymianzweig oder 1 Lorbeerblatt, 4 EL Olivenöl, feines Gemüsehack aus 1 Zwiebel, 1 Knoblauchzehe, 1 Selleriestengel, 4–5 Salbeiblättern und 1 TL Majoranblättchen, 250 g Tomaten, enthäutet, entkernt und gewürfelt, 1 Gewürznelke, 1 Zimtstange, 1 Prise frisch geriebener Muskat, Salz und Pfeffer, 200 g gemahlener Emmer

Die getrockneten Bohnenkerne einige Stunden in Wasser einweichen. Abgießen. Die frischen oder getrockneten Bohnen in einen Topf schütten und zwei Fingerbreit mit Wasser bedecken. Thymian oder Lorbeer hineingeben und garen, bis die Bohnen zerfallen (frische Bohnen rund 30, getrocknete rund 90 Minuten). Die Bohnen abgießen, das Kochwasser dabei auffangen und für später aufheben. Die Bohnen pürieren.
Das Olivenöl in einem Topf erhitzen. Das Gemüsehack einige Minuten darin andünsten. Die Tomatenstückchen und die Gewürze hinzufügen. Auf kleiner Flamme zu einer dicklichen Sauce einköcheln lassen (ca. 15 Minuten).
Nun das Bohnenpüree und 500–750 ml Bohnenwasser hinzufügen. Gut verrühren. Den Emmer hinzufügen und auf kleiner Flamme rund 30 Minuten zu einem Brei verkochen. Abschmecken und servieren.

Farro con zucchine e fiori di zucchine
Emmereintopf mit Zucchini und Zucchiniblüten

Zutaten für 4 Personen:
12 Zucchiniblüten, 4 kleine Zucchini, 1 Knoblauchzehe, gehackt, 1 Zwiebel, gehackt, 4 EL Olivenöl, 100 ml trockener Weißwein, 300 g gemahlener Emmer, 500 ml Gemüsebrühe, 4 EL geriebener Parmesan, Salz und Pfeffer, ein paar Minzeblättchen

Die Zucchiniblüten vorsichtig abbrausen und trockentupfen. Das fleischige Innenleben herausschaben. Blüten vierteln und beiseite stellen. Die Zucchini in nicht zu dünne Scheiben schneiden. Knoblauch und Zwiebel in Olivenöl anschwitzen. Die Zucchiniblüten und die Zucchinischeiben hinzufügen und einige Minuten mitdünsten. Mit Wein ablöschen und 5–6 Minuten köcheln lassen. Den Emmer und die Gemüsebrühe hinzufügen. Auf kleiner Flamme 35–40 Minuten garen. Zum Schluß mit Parmesan, Salz und Pfeffer und einigen zerzupften Minzeblättchen abschmekken. Gut verrühren und auftragen.

Farro alla siciliana
Emmer mit Tomaten und Pecorino

Zutaten für 4 Personen:
360 g Emmer (die ganzen Körner), 1 Zwiebel, in feine Ringe gehobelt, 2 EL Olivenöl, 500 g Tomaten, gehäutet und gewürfelt, Salz und Pfeffer, 4 EL geriebener Pecorino

Emmer 5–6 Stunden in kaltem Wasser einweichen.
Die Zwiebel in Öl andünsten. Die Tomatenwürfel hinzufügen, salzen und pfeffern. Das Ganze etwa 15 Minuten auf sehr kleiner Flamme schmurgeln lassen.
Emmer abgießen und mit einem halben Liter Wasser in die Tomatensauce rühren. Auf kleiner Flamme 50–60 Minuten garen. Den Pecorino einrühren, abschmecken und servieren.

Frumento – Weizen

In der Regel verwendet man Weizen in der Form von Mehl oder Grieß – die ganzen Körner wohl nur selten. Dabei handelt es sich dann auch meist um sogenannten Weichweizen. Hartweizen, um den es in diesen Rezepten geht, kennt man in unseren Breiten eigentlich nur von den italienischen Nudelpackungen – denn italienische Pasta muß laut Gesetz aus Hartweizengrieß hergestellt werden. In Sizilien verarbeitet man diesen Hartweizen jedoch nicht nur zu Nudelteig, sondern kocht auch aus den ganzen Körnern einige deftige Eintöpfe und sogar Süßspeisen. Wir zeigen Ihnen hier – mehr der Vollständigkeit halber –, wie man das macht.

Vorbereitung: Hartweizen muß vor der Verarbeitung 8 Tage lang (!) in Wasser eingeweicht werden, wobei das Einweichwasser täglich erneuert wird. Die Garzeit beträgt 2 Stunden. Weichweizen wird 8 Stunden eingeweicht und gart in einer knappen Stunde.

Cuccia salata
Deftiger Weizeneintopf

Zutaten für 4 Personen:
400 g Weizenkörner, 300 g Kartoffeln, 500 g Wirsing, feinstreifig aufgeschnitten, Salz, 4 EL Olivenöl, 4 EL geriebener Pecorino

Den Weizen wie oben beschrieben einweichen und garen.
In der Zwischenzeit die Kartoffeln schälen und würfeln und den Wirsing feinstreifig aufschneiden. Das Gemüse in Salzwasser kochen. Abgießen und gut abtropfen lassen. Mit dem gegarten Weizen vermischen und mit Olivenöl und Pecorino anmachen.

Cuccia dolce
Weizen-Ricotta-Speise

Zutaten für 4 Personen:
200 g Weizenkörner, 500 g Ricotta, 5 EL Zucker, 100 g Zartbitterschokolade, geraspelt, 100 g kandierte Früchte, gewürfelt

Den Weizen wie beschrieben einweichen und garen. Anschließend noch 10 Minuten quellen lassen und dann abgießen und gut abtropfen lassen.
Ricotta mit einer Gabel glattrühren. Zucker, Schokolade, kandierte Früchte und den gekochten Weizen unterheben. Gut vermischen. Abdecken und vor dem Servieren 3–4 Stunden durchkühlen lassen.

Orzo – Graupen

Mit dem Begriff »Graupen« bezeichnet man geschälte und halbrund oder länglichrund polierte Gerstenkörner. Perlgraupen sind kleiner und stärker geschliffen und daher bekömmlicher. Man verwendet Graupen üblicherweise für deftige Suppen, doch neuerdings kommt auch das Graupenrisotto, das zu den traditionsreichen Gerichten der Tridentiner Küche gehört, wieder zu Ehren. Dafür werden Perlgraupen wie Reis behandelt und zu Risotto gekocht.

Vorbereitung: Graupen müssen vor der Zubereitung 24 Stunden in Wasser eingeweicht werden, die Garzeit beträgt etwa 2 Stunden. Für Perlgraupen genügen eine Einweichzeit von weniger als 2 Stunden und eine Garzeit von etwa 30 Minuten.

Minestra d'orzo alla trentina
Tridentiner Graupensuppe

Zutaten für 4 Personen:
200 g Graupen, 2 Zwiebeln, 1 Knoblauchzehe, 3–4 Liebstöckelblätter, 3–4 Salbeiblätter, 1 Lorbeerblatt, 2 EL Butter, 400 g vorwiegend mehlig kochende Kartoffeln, 500 ml heiße Milch, Salz und Pfeffer, 2 Eigelbe, 2 EL geriebener Grana oder Parmesan

Die Graupen wie beschrieben einweichen und 2 Stunden garen. Nach einer Stunde Zwiebeln und Knoblauch schälen und zusammen mit Liebstöckel und Salbei fein hacken. Dieses Gemüsehack und das Lorbeerblatt in Butter weich dünsten. Diese Mischung zu den Graupen geben.
Die Kartoffeln schälen, würfeln und 20 Minuten vor Ende der Garzeit zu den Graupen geben. Alles gemeinsam weich kochen. Kurz vor Ende der Garzeit 3–4 Eßlöffel von der Milch abmessen

und beiseite stellen. Die restliche Milch in die Suppe rühren. Kräftig salzen und pfeffern.
Eigelbe mit der beiseite gestellten Milch und dem geriebenen Käse verquirlen. Die Suppe damit legieren. Mit Salz und Pfeffer abschmecken und servieren.

Minestra d'orzo alla moda della Brianza
Graupensuppe mit Wintergemüse

Die Brianza ersteckt sich nördlich von Mailand Richtung Comer See. Im Winter ist es dort feuchtkalt und ziemlich ungemütlich, so daß man gerne etwas deftiger ißt.

Zutaten für 4 Personen:
4 EL Butter, 500 g Wirsing, feinstreifig aufgeschnitten, 2 Mohrrüben, fein gewürfelt, 2 Selleriestengel, fein gewürfelt, Salz und Pfeffer, 100 g getrocknete Bohnenkerne, in Wasser eingeweicht, 200 g Graupen, in Wasser eingeweicht, 1 l Milch

Die Butter in einem Suppentopf erhitzen. Wirsing, Mohrrübe und Sellerie kurz darin andünsten und salzen.
Bohnen und Graupen abgießen, zum Gemüse in den Topf schütten. Mit 2 Liter Wasser auffüllen, die Milch hinzugießen und alles zum Kochen bringen. Etwa 2 Stunden sanft sprudelnd garen. Herzhaft abschmecken und servieren.

Minestra con piselli e orzo
Erbsensuppe mit Perlgraupen

Zutaten für 4 Personen:
300 g Perlgraupen, 600 g frische Erbsen (Gewicht mit Hülsen), Salz und Pfeffer, 1 Zwiebel, 2 EL Butter, 4 EL gehackte Petersilie

Die Perlgraupen wie beschrieben einweichen.
Inzwischen die Erbsen aus ihren Hülsen lösen. Die Hülsen grob hacken und in 2 Liter Salzwasser auskochen. Herausheben, fest auspressen und wegwerfen.
Die Perlgraupen abgießen und in eineinhalb Liter Erbsenbrühe garen.
Unterdessen die Zwiebel hacken und in Butter anschwitzen. Die Erbsen hinzufügen und sanft andünsten, bis sie rundum glänzen. Nach und nach etwas Erbsenbrühe angießen und die Erbsen darin garen, bis sie weich sind, aber noch leuchtend grün aussehen (je nach Größe der Erbsen 10–15 Minuten).
Die gegarten Erbsen zu den Perlgraupen geben. Die Petersilie unterrühren und abschmecken. Heiß servieren.

Riso – Reis

Von den mehreren tausend Reisarten, die es weltweit gibt, sind nur etwa 15 für die menschliche Ernährung von Bedeutung. Nach Italien gelangte der Reis bereits zur Römerzeit. Er war damals sehr teuer und diente der römischen Oberschicht denn auch nicht zur Ernährung, sondern zur Schönheitspflege. Die Araber brachten während ihrer Herrschaft über Sizilien den Reis im ersten Jahrtausend auf die Mittelmeerinsel und machten ihn in Süditalien bekannt. Nach Mittel- und Norditalien drang der Reis durch den Einfluß der Spanier, die ihn ihrerseits durch die maurischen Herrscher kennengelernt hatten. Angebaut wird Reis in Italien seit dem 15. Jahrhundert. Die Poebene mit ihrem feuchtheißen Klima und ihren zahlreichen Flußläufen und Bewässerungskanälen bietet hierfür die idealen Voraussetzungen. Der Anbau wird heute streng reglementiert, und die italienischen Sorten sind einem strengen Klassifikationsschema unterworfen. Danach unterscheidet man Riso originario (kurze und kleine Körner), Riso semifino (mittelgroße Körner), Riso fino (große und lange Körner) und Riso superfino (besonders lange und große Körner). Für Risotto nimmt man meist Arborio oder Carnaroli aus der Superfino-Klasse, für Minestra empfiehlt sich der Fino-Reis Vialone, und für Süßspeisen greift man auf die kürzeren und runderen Variationen zurück.

Vorbereitung: Den Reis in ein Sieb geben und kalt abbrausen, bis das Wasser klar herausrinnt.

Arancini di riso
Sizilianische Reisbällchen

Für die Reisbällchen brauchen Sie eine Reissorte, die gut bindet. Langkornreis, der locker und körnig bleibt, ist hierfür weniger geeignet. Fragen Sie bei Ihrem italienischen Feinkosthändler zum Beispiel nach der Sorte Vialone.

Zutaten für 4 Personen:
500 g Reis, Salz, 60 g geriebener Pecorino, 1 Prise Safran (in 3–4 EL Wasser auflösen), 3 Eier, 60 g Butter in Flöckchen, 200 g Frischkäse, fein gewürfelt, Mehl zum Wenden, Paniermehl zum Panieren, Öl zum Ausbacken

Den Reis in reichlich Salzwasser al dente garen. Abgießen und noch heiß in eine Schüssel füllen. Den geriebenen Pecorino, den Safran und 2 verquirlte Eier einarbeiten. Aus dieser Masse Bällchen von der Größe kleiner Orangen (»arancini«) formen.
Mit dem Finger eine kleine Vertiefung in die Mitte der Bällchen drücken. Ein Stückchen Butter und Käsewürfelchen hineingeben. Die Bällchen wieder verschließen und glattrollen.
Arancini in Mehl wenden. Überschüssiges Mehl abklopfen. In das dritte verquirlte Ei tauchen und abtropfen lassen. Anschließend in Paniermehl wenden.
Das Öl auf 180 Grad erhitzen (es hat die richtige Temperatur erreicht, wenn an einem ins Öl getauchten Holzlöffel kleine Bläschen aufsteigen). Die Bällchen portionsweise hineingeben und goldbraun ausbacken. Auf Küchenpapier abtropfen lassen und heiß servieren.

Riso alla valtellinese
Reis mit dicken Bohnen nach der Art des Veltlin

Zutaten für 4 Personen:
100 g getrocknete Bohnenkerne, 1 Lorbeerblatt (nach Wunsch), Salz, 350 g Reis, 300 g Wirsing, 4 EL Butter, 3–4 Salbeiblätter, 2 Knoblauchzehen, in Scheiben geschnitten, 4 EL geriebener Parmesan

Die Bohnenkerne einige Stunden einweichen. Abgießen, in einen Topf schütten und zwei Fingerbreit mit Wasser bedecken. Sanft sprudelnd weich garen (ca. 90 Minuten). Nach Wunsch das Lorbeerblatt mitkochen.
Den Reis in Salzwasser al dente garen.
Inzwischen den Wirsing putzen und feinstreifig aufschneiden. In einem Eßlöffel Butter andünsten, etwas Wasser angießen und weich garen.
Die restliche Butter zerlassen und mit Salbei und Knoblauch aromatisieren.
Reis und Bohnen abgießen und mit dem Wirsing vermischen. Herzhaft abschmecken. Mit Salbeibutter und geriebenem Parmesan servieren.

Anmerkung: Im Veltlin nimmt man statt Parmesan gerne Bitto, einen würzigen Hartkäse aus den lombardischen Bergen.

Risotto alla moda del Paese di Gambolò
Lombardisches Tomatenrisotto

Zutaten für 4 Personen:
1 Zwiebel, in dünne Ringe geschnitten, 3 EL Olivenöl, 2 EL Butter, 500 g reife Tomaten, gehäutet, entkernt und gewürfelt, Salz und Pfeffer, 350 g Risottoreis, ca. 700 ml Gemüsebrühe (nach Wunsch), 4 EL gehackte Petersilie, 5–6 gehackte Basilikumblätter, 1 gehackte Knoblauchzehe, 4 EL geriebener Grana oder Parmesan

Die Zwiebelringe in Olivenöl und einem Eßlöffel Butter andünsten. Die Tomatenwürfel hinzufügen, salzen und pfeffern. Zugedeckt auf kleiner Flamme etwa 15 Minuten köcheln lassen. Ab und zu umrühren.
Den Risottoreis in der Gemüsebrühe oder der entsprechenden Menge Salzwasser leise knapp al dente garen. Ab und zu umrühren.
Die Tomatensauce, die gehackten Kräuter und den Knoblauch in den Reis rühren. Wieder zum Kochen bringen und fertig garen, bis die überschüssige Flüssigkeit aufgesogen ist. Risotto mit der restlichen Butter verfeinern. Auf Teller verteilen und mit Grana bestreut servieren.

Risotto delle Cinque Terre
Tomaten-Basilikum-Risotto nach Art der Cinque Terre

Zutaten für 4 Personen:
15 Basilikumblätter, grobkörniges Salz, 3 Knoblauchzehen, geschält, 400 g Tomatenpüree, 4 EL Olivenöl, 40 g Pinienkerne, 350 g Reis, 100 ml trockener Weißwein, 1 1/4 l heiße Gemüsebrühe, 1 EL Butter, 4 EL geriebener Parmesan

Basilikum, Salz und Knoblauch im Mörser fein zerstoßen. Zusammen mit dem Tomatenpüree in ein Töpfchen geben und 15 Minuten sanft durchköcheln lassen.
Inzwischen das Olivenöl in einem Topf erhitzen und die Pinienkerne darin anrösten. Den Reis hinzufügen und unter stetem Wenden andünsten, bis er rundum glänzt. Mit Weißwein ablöschen. Sobald der Wein verkocht ist, eine Kelle Gemüsebrühe angießen und unter gelegentlichem Rühren einkochen lassen. Wieder Brühe angießen und den Reis nach diesem Verfahren al dente garen (je nach Sorte rund 20 Minuten). Nach der Hälfte der Garzeit die Tomatensauce unterrühren und mitkochen lassen. Zum Schluß die Butter und den Parmesan in das Risotto einarbeiten. 2–3 Minuten ruhen lassen und servieren.

Risotto alle verdure
Gemüserisotto

Zutaten für 4 Personen:
1 Zwiebel, fein gehackt, 1 Selleriestengel, fein gehackt, 2 EL Butter, 100 g Spargel, in 2–3 cm lange Stücke geschnitten, 60 g grüne Bohnen, in 2–3 cm lange Stücke gebrochen, 4 Artischockenherzen, grob gewürfelt, 1 Tomate, gewürfelt, 1 Handvoll Blattspinat oder Kopfsalatblätter, grob zerkleinert, 1 Mohrrübe, fein gehackt, 1 Handvoll frische Erbsen, Salz und Pfeffer, 350 g Reis, 1 1/4 l heiße Gemüsebrühe, 4 EL geriebener Grana oder Parmesan

Zwiebel und Sellerie in Butter anschwitzen. Das gesamte vorbereitete Gemüse hinzufügen und einige Minuten mitdünsten. Salzen und pfeffern. Den Reis hinzuschütten und 1–2 Minuten anrösten, bis er rundum glänzt. Nun schöpfkellenweise die Gemüsebrühe angießen und einkochen lassen. Den Vorgang wiederholen, bis Reis und Gemüse al dente gekocht sind (rund 20 Minuten). Den geriebenen Käse einarbeiten und servieren.

Variation: Wenn Sie ein gehaltvolleres Risotto wünschen, können Sie zusätzlich 2 gewürfelte Kartoffeln mitkochen.

Foglie di vite ripiene
Weinblätter mit sizilianischer Gewürzreisfüllung

Zutaten für 4 Personen:
400 g Mittel- oder Rundkornreis, Salz und Pfeffer, 1 Gewürznelke, je 1 Prise Zimt und Muskat, 4 EL Olivenöl, 3 EL Rosinen (einweichen lassen), 3 EL Pinienkerne, 12 Weinblätter, Öl zum Braten

Den Reis in reichlich Salzwasser al dente garen. Abgießen und abtropfen lassen: Olivenöl in einer Pfanne erhitzen. Reis und Gewürze hineingeben und 5 Minuten braten. Vom Herd nehmen und leicht abkühlen lassen. Die Gewürznelke entfernen. Die

Rosinen abtropfen lassen und zusammen mit den Pinienkernen unter den Reis mischen. Mit Salz und Pfeffer abschmecken.
Die Weinblätter auf einer Arbeitsfläche ausbreiten. Den Gewürzreis gleichmäßig darauf verteilen. Vom Stielansatz zur Spitze hin aufrollen und mit Küchenfaden zusammenbinden.
Die Weinblätter in Öl braten, auf Küchenpapier abtropfen lassen und heiß servieren.

Anmerkung: Weinblätter bekommen Sie gebrauchsfertig in vielen türkischen und griechischen Spezialitätengeschäften. Sollten Sie frische Weinblätter verwenden, 2–3 Minuten in sprudelndem Salzwasser blanchieren.

Frittata di riso
Reisfrittata

Zutaten für 4 Personen:
500 ml Milch, 200 g Reis, Salz, 50 g Butter, 6 Eier (trennen), 3 EL geriebener Parmesan

Die Milch zum Kochen bringen. Den Reis einstreuen und im offenen Topf knapp al dente garen. Salzen, die Hälfte der Butter unter den Reis rühren und vom Herd nehmen.
Die 6 Eigelbe und den geriebenen Parmesan in den Reis einarbeiten. Eiweiße steif schlagen und vorsichtig unter die Reismasse ziehen.
Backofen auf 180 Grad vorheizen und eine Auflaufform buttern. Die Reismasse in die Form füllen und mit Butterflöckchen bedecken. Im vorgeheizten Backofen goldgelb backen (ca. 45 Minuten). Die Frittata schmeckt heiß oder zimmerwarm.

Fritelle dolci di riso
Süße Reisküchlein

Zutaten für 4 Personen:
500 ml Milch, 3 EL Zucker, 1 Prise Salz, 1 EL Butter, die Schale einer unbehandelten Zitrone (im Stück), 250 g Reis, 2 EL Mehl, 2 Eier (trennen), 1 TL abgeriebene Schale einer unbehandelten Orange, 1 Gläschen Rum, 1/2 Päckchen Backpulver, 50 g Rosinen, Öl zum Ausbacken, Puderzucker zum Überstäuben

Die Milch mit 100 ml Wasser, Zucker, Salz, Butter und Zitronenschale aufsetzen und zum Kochen bringen. Den Reis hineingeben und garen, bis die ganze Flüssigkeit aufgesogen ist. Vom Herd nehmen und erkalten lassen. Die Zitronenschale entfernen.
Den Reis nun mit Mehl, 2 leicht verquirlten Eigelben, Orangenschale, Rum, Backpulver und Rosinen vermischen. Abdecken und eine Stunde ruhen lassen.
Eiweiße steif schlagen und vorsichtig unter die Reismasse heben.
Das Öl in einem Topf auf 180 Grad erhitzen (wenn Sie kein Thermometer besitzen, einen Kochlöffelstiel ins heiße Öl tauchen – bei dieser Temperatur steigen an dem Stiel kleine Bläschen auf).
Mit einem Eßlöffel kleine Küchlein von der Reismasse abstechen und nach und nach im heißen Öl goldgelb ausbacken. Auf Küchenpapier abtropfen lassen und mit Puderzucker überstäuben. Vor dem Servieren erkalten lassen.

Torta dolce di riso alla maniera di Siena
Reistorte mit kandierten Früchten nach der Art von Siena

Zutaten für 4 Personen:
1 l Milch, 150 g Zucker, Salz, 300 g Reis, 3 Eier, 1 Päckchen Vanillezucker, 100 g kandierte Früchte, fein gewürfelt, 60 g Pinienkerne, 2 EL Butter, die abgeriebene Schale einer halben unbehandelten Zitrone, 6 Walnußkerne, gehackt, 30 g Pistazienkerne, Butter und Paniermehl für die Form

Die Milch mit Zucker und einer Prise Salz aufkochen lassen. Den Reis einstreuen und leise köcheln lassen, bis der Reis al dente gegart ist und die ganze Milch aufgesogen hat. Vom Herd nehmen und unter gelegentlichem Umrühren erkalten lassen.
Nun Eier, Vanillezucker, kandierte Früchte, Pinienkerne und Butter unter den Reis geben und gut vermischen. Zitronenschale, Walnüsse und Pistazien einarbeiten.
Backherd auf 200 Grad vorheizen. Eine runde Kuchenform buttern und mit Paniermehl ausstreuen. Die Reismasse einfüllen und glattstreichen. Im heißen Rohr 30 Minuten backen. Vor dem Servieren erkalten lassen.

Frutta a granella e drupe

KERN- UND STEINOBST

Albicocche – Aprikosen

Aprikosen stammen aus China und werden heute in allen milderen und sonnigen Klimaregionen angebaut. Frische Aprikosen sind im Frühsommer und Sommer erhältlich. Aus den blausäurehaltigen Kernen, die in ihrem Geschmack Bittermandeln ähneln, macht man Persipan, eine einfachere Variante des Marzipans, die hauptsächlich in der Lebensmittelindustrie Verwendung findet.

Gnocchi di Albicocche
Aprikosenknödel

Das Rezept für diese Knödel stammt aus dem Friaul und Julisch Venetien im nordöstlichen Teil Italiens, der an Österreich und Slowenien grenzt. Die Verwandtschaft mit den österreichischen Marillenknödeln wird man wohl kaum leugnen können.

Zutaten:
1 kg vorwiegend mehlig kochende Kartoffeln, Salz, 4 EL Butter, 1 Ei, ca. 250 g Mehl, 500 g frische Aprikosen, 100 g Aprikosenmarmelade, 6 EL Paniermehl, 1 EL Zucker, 1 Prise Zimt

Die Kartoffeln in Salzwasser garen. Noch heiß schälen und durch ein Kartoffeleisen pressen. Mit 2 Eßlöffeln Butter, Ei und Mehl zu einem glatten Teig verarbeiten. Die benötigte Mehlmenge hängt sehr von der Beschaffenheit der Kartoffeln ab. Geben Sie das Mehl deshalb nur nach und nach in den Teig und verwenden Sie je nach Bedarf etwas mehr oder weniger.
Während die Kartoffeln garen, die Aprikosen waschen, trocknen, längs aufschlitzen und wie ein Buch auseinanderklappen. Den Stein entfernen und an seine Stelle einen Klecks Aprikosenmarmelade geben. Die Aprikosenhälften wieder schließen.

Den Kartoffelteig ausrollen und Kreise ausschneiden. Jeweils eine Aprikose auf einen Teigkreis setzen und mit dem Teig umhüllen. Die Knödel in sanft sprudelndem Salzwasser garen, bis sie an die Oberfläche steigen.

In der Zwischenzeit die restliche Butter zerlassen und das Paniermehl darin goldbraun rösten. Zucker und Zimt vermischen.

Die Knödel mit einem Sieblöffel aus dem Topf heben, kurz abtropfen lassen und mit geröstetem Paniermehl und Zimtzucker bestreut servieren.

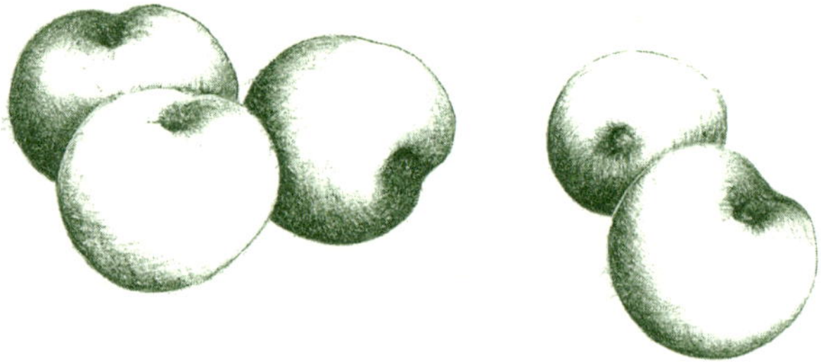

Pesche – Pfirsiche

Mehr als 2000 verschiedene Pfirsichsorten sind heute bekannt. Die Früchte stammen ursprünglich aus Asien, vermutlich aus China, und gedeihen heute in allen milderen Klimazonen. Ob Sie Pfirsiche mit weißem oder gelbem Fruchtfleisch verwenden, hängt ganz von Ihrem persönlichen Geschmack ab. Wählen Sie jedoch stets vollreife, feste und saftige Früchte. Pfirsiche, die zu früh geerntet wurden und im Laden nachreifen, besitzen oft ein unangenehm mehliges Fruchtfleisch und lassen sich nur schlecht vom Stein lösen.

Dessert di pesche
Piemontesisches Pfirsichdessert

Zutaten:
4 große und feste Pfirsiche mit gelbem Fruchtfleisch, 200 g Zucker, einige Zesten (feine Streifen) unbehandelter Zitronen- und Orangenschale, 1 Gewürznelke, 1 Zimtstange, 1 l Barbera (oder ein anderer trockener Rotwein), Zabaione aus 4 Eigelben, 4 EL Zucker, 4 EL Barbera, je 50 g Mandeln und Haselnüsse, gehackt

Pfirsiche waschen, halbieren und entsteinen, aber nicht schälen. Die Pfirsichhälften mit Zucker, Zitronen- und Orangenzesten, Gewürznelke und Zimtstange und dem Wein in einen Topf geben. 10–12 Minuten kochen, dann in eine große Schüssel umfüllen und mit dem Sud übergießen. Gewürznelke und Zimtstange entfernen.
Nun die Zabaione zubereiten. Eigelbe in ein Töpfchen geben und mit Zucker zu einer hellen und dicken Creme aufschlagen. Unter ständigem Rühren den Wein hinzufügen. Im Wasserbad auf sehr kleiner Flamme erwärmen. Dabei ständig umrühren. Sobald die

Creme den Siedepunkt erreicht, über die Pfirsiche gießen. Mit den gehackten Nüssen bestreuen und erkalten lassen.

Pesche ripiene
Gefüllte Pfirsiche

Zutaten:
5 Pfirsiche, je 60 g Zitronat und Orangeat, fein gewürfelt, 4 geschälte Bittermandeln, gehackt (oder 1/2 TL Bittermandelextrakt), 150 g Zucker, 250 ml trockener Weißwein, 1 EL Butter für die Form

Backofen auf 180 Grad vorheizen.
4 Pfirsiche waschen, halbieren und entsteinen, aber nicht schälen. Beiseite stellen.
Den fünften Pfirsich schälen, entsteinen und zermusen. Mit Zitronat und Orangeat und Bittermandeln vermischen. Diese Mischung nun in die Pfirsichhälften füllen. Die Pfirsichhälften wieder zusammenfügen.
Die »ganzen Pfirsiche« in eine gebutterte Form setzen. Mit Zucker bestreuen und mit Wein übergießen. Im heißen Backofen 30–40 Minuten garen. Warm oder kalt servieren.

Ciliegie – Kirschen

Die Region Piemont im Nordwesten Italiens ist wohl eines der bekanntesten Anbaugebiete für die köstlichen Steinfrüchte. Man unterscheidet Kirschen in die beiden Hauptgruppen Süßkirschen, zu denen beispielsweise die saftigen Herzkirschen zählen, und Sauerkirschen wie Weichseln, Morellen und Glaskirschen; daneben gibt es noch die würzigen Maraskakirschen, aus denen u. a. Maraschinolikör gemacht wird.

Crostata di ciliegie
Kirschkuchen

Zutaten:
400 g Sauerkirschen, 300 g Zucker, 1 Zimtstange, 250 g Mehl, 120 g Puderzucker, 120 g zimmerweiche Butter, 2 ganze Eier und 1 Eigelb, Saft einer Zitrone, 1 Prise Salz, ca. 50 ml Milch, Butter und Mehl für die Form

Die Sauerkirschen entsteinen und mit Zucker und Zimt in einen Topf geben. Auf kleiner Flamme zu einer marmeladenähnlichen Konsistenz einkochen.
Inzwischen das Mehl mit Puderzucker, Butter, einem Ei und einem Eigelb sowie Zitronensaft und Salz zu einem Teig verarbeiten. Etwas Milch hinzugießen und einarbeiten.
Backofen auf 180 Grad vorheizen. Eine Springform (ca. 24 cm Durchmesser) buttern und mit Mehl ausstreuen.
Etwa ein Drittel Teig beiseite stellen. Mit dem restlichen Teig den Boden und den Rand der Form auskleiden. Die Kirschmasse einfüllen und glattstreichen. Aus dem Teigrest zentimeterbreite Streifen ausschneiden und in einem Gittermuster auf den Ku-

chen legen. An den Rändern gut festdrücken. Das übrige Ei verquirlen und das Teiggitter damit einpinseln.
45 Minuten im heißen Ofen abbacken. Herausnehmen und auf einem Kuchengitter auskühlen lassen.

Budino di ciliegie
Kirschpudding

In Friaul macht man diesen Pudding mit wilden Kirschen. Sie können dafür aber auch gewöhnliche Süß- oder Sauerkirschen verwenden.

Zutaten:
120 g Weißbrot ohne Rinde, 1–2 EL Rum, 500 g Kirschen, 3 Eier, Butter und Paniermehl für die Form

Das Brot zerpflücken und in ein Schälchen geben. Mit Rum beträufeln und einweichen lassen. Inzwischen die Kirschen entsteinen.
Zwei Eier trennen. Eiweiße beiseite stellen. Eigelbe und das ganze Ei schaumig rühren. Das Brot mit den Händen auswringen und zu den Eiern geben. Eiweiße steif schlagen und unter die Brotmasse ziehen.
Backofen auf 180 Grad vorheizen.
Eine Puddingform buttern und mit Paniermehl ausstreuen. Abwechselnd eine Schicht Kirschen und eine Schicht Eimasse einfüllen, bis alle Zutaten aufgebraucht sind.
Den Pudding 60 Minuten im heißen Ofen backen. Zur Garprobe ein Holzspießchen einführen. Wenn es sauber wieder herauskommt, ist der Pudding fertig. In der Form etwas abkühlen lassen. Zimmerwarm servieren.

Ciliegie al Barolo
Kirschen in Barolo

Zutaten:
die Schale einer unbehandelten Orange, 500 g Kirschen, 150 g Zucker, 4 EL Johannisbeergelee, 1 Zimtstange, 1/2 l Barolo (oder ein anderer gehaltvoller Rotwein), Schlagsahne zum Servieren

Die Orangenschale in streichholzfeine Streifen (Zesten) schneiden. 5 Minuten in sprudelndem Wasser auskochen, abgießen und abtropfen lassen.
Die Kirschen entsteinen und mit Zucker, Johannisbeergelee, Orangenzesten und Zimt in einen Topf geben. Mit Barolo übergießen und aufkochen lassen. Dann auf sehr kleiner Flamme 30 Minuten leise simmern. Vom Herd nehmen, erkalten lassen, die Zimtstange entfernen.
Das Kirschenkompott in Dessertschalen füllen und vor dem Servieren 2 Stunden kühl stellen. Mit Schlagsahne garnieren.

Amarene al liquore
Eingelegte Amarenakirschen

Zutaten:
1 kg Sauerkirschen, 2 Zimtstangen, 6 EL Zucker, 200 ml Rum, 250 ml 90%iger Alkohol

Die Kirschen waschen und entstielen, aber nicht entsteinen. Sorgfältig trockentupfen und in ein Einmachglas füllen. Zimt und Zucker hinzufügen und mit Rum und Alkohol übergießen. Die Flüssigkeit muß die Kirschen vollständig bedecken, darf aber nicht bis zum Rand des Einmachglases reichen. Das Glas luftdicht verschließen und 2 Monate an einem warmen, sonnigen Ort ziehen lassen. Das Glas ab und zu wenden oder auf den Kopf stellen.

Prugne – Pflaumen

Pflaumen kommen in der italienischen Regionalküche hauptsächlich in den nordöstlichen Regionen Friaul und Julisch Venetien, die an Österreich und Slowenien grenzen, vor. Meist verwendet man sie getrocknet für Pastafüllungen oder Desserts.

Agnolotti di Pontebba
Nudeltäschchen mit Dörrpflaumenfüllung

Für den Teig:
250 g Mehl, 1 Ei, lauwarmes Wasser, 1 Prise Salz

Für die Füllung:
160 g getrocknete Feigen, 100 g Dörrpflaumen ohne Stein, 250 g Ricotta, 1 EL Zucker, zerlassene Butter und Zimt zum Servieren

Mehl in eine Schüssel sieben. Mit den übrigen Zutaten vermischen und etwa 10 Minuten durchkneten, bis ein glatter und elastischer Nudelteig entsteht. Den Teig zu einer Kugel rollen, in Haushaltsfolie schlagen und ruhen lassen.
Inzwischen die Füllung zubereiten. Die Feigen etwa 10 Minuten in etwas Wasser weich dünsten, dann gut abtropfen lassen. Pflaumen und Feigen in der Küchenmaschine fein hacken. In eine Schüssel füllen und mit Ricotta und Zucker vermengen.
Den Nudelteig dünn ausrollen und mit einem Wasserglas oder Keksförmchen Kreise mit 7–8 Zentimeter Durchmesser ausstechen.
Etwas Füllmasse in die Mitte der Teigkreise setzen. Die Kreise zu halbmondförmigen Täschchen zusammenklappen und die Ränder gut versiegeln.

Agnolotti in reichlich Salzwasser sanft sprudelnd al dente garen. Abtropfen lassen und auf Teller verteilen. Mit zerlassener Butter übergießen und mit Zimt bestreuen. Heiß servieren.

Polenta e prugne
Polenta mit Backpflaumen

Zutaten:
500 g Backpflaumen ohne Stein, 3 EL Zucker, 1 Zimtstange, 750 ml Milch, 300 g Polentamehl, 1 Prise Salz, 2 EL Butter

Die Pflaumen mit Zucker und Zimt und einem Hauch Wasser in einen Topf geben und auf kleiner Flamme 20–25 Minuten simmern lassen.
Für die Polenta die Milch erhitzen. Das Maismehl unter ständigem Rühren hineinrieseln lassen, salzen und in rund 45 Minuten zu einem relativ weichen Brei kochen. Dabei regelmäßig umrühren.
Die Backpflaumen mit ihrem Sud sowie die Butter unter die Polenta rühren. In eine Schüssel füllen und servieren.

Variation: Statt Backpflaumen können Sie auch getrocknete Kirschen oder Aprikosen verwenden.

Cipolline e prugne
Süß-saure Zwiebelchen mit Backpflaumen

Zutaten:
600 g Perlzwiebeln, 150 g Dörrpflaumen ohne Stein, 80 g getrocknete Äpfel, 1 Gemüsezwiebel, gehackt, 1 Selleriestengel, fein gewürfelt, 4 EL Olivenöl, 3 EL Weißweinessig, 300 g Tomatenpüree, Salz

Die Perlzwiebeln 10 Minuten in siedendem Wasser vorkochen, damit sie sich leichter schälen lassen. Zwiebeln abgießen und

leicht abkühlen lassen. Sobald Sie sie anfassen können, aus der Haut schnipsen. Währenddessen das Dörrobst 10 Minuten in sprudelndem Wasser aufquellen lassen und abgießen.
Die Gemüsezwiebel und den Sellerie in Olivenöl weich dünsten. Mit Essig ablöschen, dann das Tomatenpüree einrühren. Die Zwiebelchen hinzufügen und salzen. Auf kleiner Flamme 15 Minuten durchköcheln lassen. Das Dörrobst hinzufügen und heiß werden lassen. Abschmecken und als Beilage zu gebratenem Fleisch oder zu Polenta servieren.

Prugne ripiene fritte
Gefüllte Pflaumen

Hier ist die österreichische Spezialität »Schlosserbuben« über die Grenze in die italienischen Regionen Friaul und Julisch Venetien gewandert.

Zutaten:
24 Dörrpflaumen, 3 Gewürznelken, 1 Zimtstange, 24 Mandeln, Öl zum Ausbacken

Für den Backteig:
2 EL Mehl, 3 EL Milch, 1 EL Olivenöl, 1 Prise Salz

Aus den angegebenen Zutaten einen Backteig herstellen und eine Stunde ruhen lassen.
Inzwischen die Dörrpflaumen mit Nelken und Zimt in einen Topf geben. Etwas Wasser hinzugießen und 15–20 Minuten darin simmern. Abgießen und abtropfen lassen. Die Dörrpflaumen wenn nötig entsteinen. An die Stelle des Steins die Mandeln setzen.
Das Öl in einem Fritiertopf auf etwa 180 Grad erhitzen (wenn Sie kein Thermometer haben, den Stiel eines Holzlöffels ins heiße Öl halten – bei dieser Temperatur steigen kleine Bläschen am Stiel entlang auf). Die Pflaumen in den Backteig tauchen und im heißen Öl goldbraun ausbacken. Auf Küchenpapier abtropfen lassen. Heiß oder warm zum Kaffee servieren.

Cocomero – Wassermelone

Wassermelonen gehören wie die Zuckermelonen zu den Kürbisgewächsen. Wassermelonen zeichnen sich durch ihr leuchtend rotes und besonders saftiges Fruchtfleisch aus. Sie stammen aus den Steppengebieten Afrikas und werden heute im Mittelmeerraum und in den warmen Regionen der USA angebaut. Die Wahl der richtigen Wassermelone ist gar nicht so einfach. Halten Sie die Frucht (wenn sie nicht zu schwer ist) in einer Hand und klopfen sie mit der anderen Hand dagegen. Wenn Sie den Schlag mit der Hand, die die Melone hält, spüren können, ist die Melone reif.

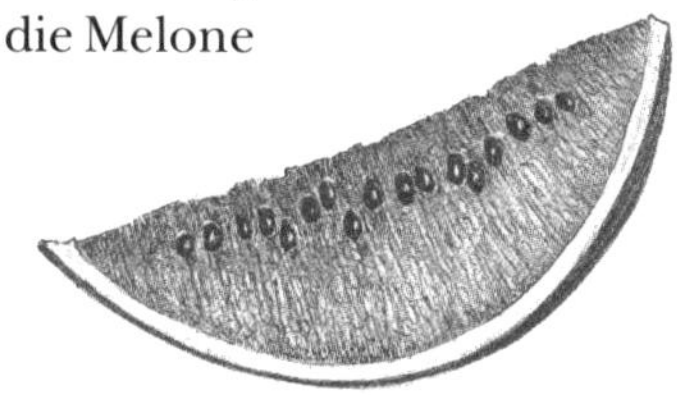

Gelu di muluni
Sizilianisches Wassermeloneneis

Zutaten:
1 Wassermelone, 100 g Speisestärke, 150 g Zucker, 1 Prise Salz, 60 g Zartbitterschokolade, gehackt, 60 g Zitronat, gewürfelt, 1 großzügige Prise Zimtpulver

Die Wassermelone schälen und entkernen. Das Fruchtfleisch durch ein Sieb oder eine Gemüsemühle passieren.
Speisestärke, Zucker und Salz in einen Topf geben. Nach und nach das Wassermelonenpüree hinzufügen und langsam zum Kochen bringen. Dabei ständig umrühren, damit die Masse nicht anbrennen kann. Sobald die Masse eindickt, vom Herd nehmen und erkalten lassen. Ab und zu umrühren.
Die gehackte Schokolade und das Zitronat unterheben. Die Masse nun in kalt ausgespülte Förmchen füllen und im Gefriergerät gut durchkühlen lassen. Mit Zimt bestäuben und servieren.

Fichi – Feigen

Feigen sind eigentlich die Blüten und daher sogenannte Scheinfrüchte des Feigenbaums, der aus Vorderasien stammt. Die frischen Früchte werden meist nur in den Anbauländern (Italien, Griechenland, Türkei, Kalifornien) angeboten, weil sie hochverderblich und transportempfindlich sind. Sollten Sie bei Ihrem Obsthändler doch einmal welche entdecken, sind sie entsprechend teuer und werden stückweise verkauft. Die Früchte sollten auf Fingerdruck leicht nachgeben und süß duften.
In der Regel bekommt man Feigen in den Importländern getrocknet und zu Kränzen oder Blöcken gepreßt zu kaufen.

Torta di fichi e pesche
Feigen-Pfirsich-Kuchen

Zutaten:
36 reife, mittelgroße grüne Feigen, 2 EL Mehl, 80 g Butter, 12 eher mehlige Pfirsiche (möglichst mit weißem Fruchtfleisch), ca. 200 g Zucker, 3 ganze Eier und 3 Eiweiße, 4 Bittermandeln (oder 1/2 TL Bittermandelextrakt), 100 g trockene Kekse, zerrieben (statt Bittermandeln und Keksen können Sie auch Amaretto-Makronen verwenden), 2 EL Rum

Feigen vorsichtig waschen und trocknen. Den Stielansatz entfernen. Die Feigen leicht bemehlen und in 40 Gramm heißer Butter braten. Auf Küchenpapier abtropfen lassen.
Pfirsiche schälen und entsteinen. Das Fruchtfleisch zerkleinern und in etwas Butter und 4 Eßlöffeln Zucker dünsten, bis es Saft zieht und der Saft verkocht.
Die ganzen Eier mit den Eiweißen schaumig rühren. Die gekochten Pfirsiche, die Bittermandeln und Kekse sowie den Rum hin-

zufügen. Gut vermischen und nach Geschmack etwas stärker süßen.
Eine große und flache Form buttern. Die Pfirsichmasse einfüllen. Die Feigen in regelmäßigen Abständen hineindrücken. In den höchstens 100 Grad warmen Ofen schieben und etwa 3 Stunden ganz langsam trocknen lassen.

Pizza salata e fichi freschi
Bauernbrotzeit

Eher eine Brotzeit als ein regelrechtes Gericht verbirgt sich hinter diesem schnellen und einfachen Rezept.
Bei der Feldarbeit stopften sich die süditalienischen Bauern ein Stück salzige Pizza oder Focaccia in die Tasche und aßen dazu 2–3 frische Feigen, die in ihrer sommersüßen Köstlichkeit wohl kaum zu übertreffen sind.

Frustenga
Feigenkonfekt

Zutaten:
1 kg getrocknete Feigen, 100 g Rosinen, 100 g Honig, 100 g Zucker, die abgeriebene Schale einer unbehandelten Zitrone, 80 g Zitronat, fein gewürfelt, 100 g geschälte Mandeln, geröstet und gehackt, 100 g Walnußkerne, gehackt, 1 Prise frisch geriebener Muskat, 1 Prise Zimtpulver, bis zu 200 ml Olivenöl

Die Feigen mit einem Hauch Wasser in einen Topf geben und leise weich dünsten. Inzwischen die Rosinen in lauwarmem Wasser quellen lassen, herausheben und gut ausdrücken.
Die Feigen abgießen und fein hacken. In eine Schüssel geben und mit Rosinen, Honig, Zucker, Zitronenschale und Zitronat, den Mandeln und Nüssen sowie den Gewürzen vermischen. Die Masse mit Olivenöl geschmeidig rühren.

Backofen auf 160 Grad vorheizen. Teig auf ein Backblech streichen und mit einer in Wasser getauchten Messerklinge glätten. In den Ofen schieben und mehr trocknen lassen als backen. Herausnehmen und vor dem Servieren erkalten lassen.

Fichi secchi ripieni
Gefüllte Feigen

Zutaten:
200 g große und weiche, getrocknete Feigen, 100 g Mandeln, 60 g Walnußkerne, gehackt, Puderzucker zum Überstäuben

Die Feigen längs aufschlitzen und wie ein Buch auseinanderklappen. Auf einem Backblech oder einem großen Brett ausbreiten. Die Mandeln und Walnüsse auf den Feigen verteilen. Feigen wieder zusammenklappen. Mit Puderzucker überstäuben und servieren.

Variation: Wenn Sie daraus Torrone zubereiten wollen, die Feigen mit einem Gewicht beschweren und 2 Tage ruhen lassen.

Mele – Äpfel

In den italienischen Alpenregionen Veltlin, Südtirol und Trentino wird Apfelanbau in großem Maßstab betrieben. Leider hat unter dieser »Industrialisierung« die Sortenvielfalt und das Aroma erheblich gelitten. Aus Gründen der Rentabilität werden heute nur noch einige wenige Sorten, die bestimmte Ansprüche an Transport- und Lagerfähigkeit erfüllen, angebaut.

Frico con le mele
Friauler Käsefladen mit Äpfeln

Frico gehört zu den klassischen Spezialitäten Friauls, die es in zahlreichen Variationen gibt. Diese ziemlich üppige Mahlzeit aus geriebenem und dann in der Pfanne geschmolzenem Käse wird mal süß, mal salzig, pur oder mit Kartoffeln und Zwiebeln oder eben, wie hier, mit Obst zubereitet. Für die herzhaften Versionen nimmt man den reifen und daher im Geschmack kräftigeren Montasio, für dieses Rezept mit Obst ist ein frischer und milder Käse angezeigt.

Zutaten:
300 g säuerliche Äpfel (z.B. Renetten), 500 g junger, milder Montasio, 1 Prise Salz, 2 EL Butter

Äpfel schälen und entkernen, dann in dünne Schnitze schneiden. Den Montasio fein raspeln. Apfel- und Käsestückchen vermischen und nur zurückhaltend salzen, weil der Käse bereits viel Salz enthält.
Die Butter in einer Pfanne aufschäumen lassen. Die Apfel-Käse-Mischung hineingeben und darin backen, bis der Käse schmilzt und ein goldgelber Fladen entsteht.
Heiß mit Brot als Beilage servieren.

Charlotte di mele
Apfelcharlotte

Zutaten:
800 g säuerliche Äpfel (z. B. Boskoop), 140 g Zucker, die abgeriebene Schale einer halben unbehandelten Zitrone, 50 ml trockener Weißwein, 2 EL Butter, 300 g Weißbrot in dünnen Scheiben, 60 g Rosinen (aufquellen und gut abtropfen lassen), 60 g Pinienkerne, 75 ml Rum

Die Äpfel schälen und entkernen und in grobe Spalten schneiden. Mit 120 Gramm Zucker, Zitronenschale und Wein in einen Topf geben. Knapp mit Wasser bedecken und leise weich dünsten, aber nicht zerkochen lassen. Äpfel abgießen, auf einer Platte ausbreiten und trocknen lassen.
Backofen auf 180 Grad vorheizen.
Die Butter mit dem restlichen Zucker vermischen. Eine Springform mit einem Teil dieser Mischung einfetten. Die Form mit einigen Brotscheiben auslegen. Die Äpfel einfüllen, Rosinen und Pinienkerne darüber streuen. Mit etwas Rum beträufeln (den Rest zum Flambieren aufheben). Mit den restlichen Brotscheiben abdecken und die Butter-Zucker-Mischung darauf verstreichen. Die Charlotte nun im heißen Ofen eine Stunde backen. Aus dem Ofen holen, auf eine Servierplatte setzen, mit Rum übergießen und flambieren.

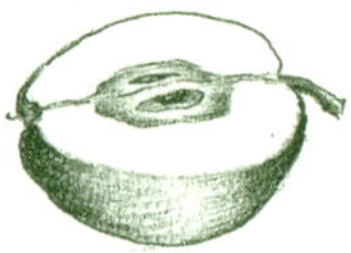

Mele cotogne – Quitten

Die Heimat des Quittenstrauchs liegt in Asien. Seine gelblichen Früchte erinnern in ihrem Aussehen an Äpfel oder Birnen, sind aber im Rohzustand ungenießbar, weil ihr Fruchtfleisch zu hart ist. Aufgrund ihres hohen Pektingehalts können sie aber hervorragend zu Gelees und Marmeladen verarbeitet werden.

Cotognata piemontese
Piemontesisches Quittenbrot

Zutaten:
gut 2 l Most, 6 Walnußkerne, 500 g Quitten, 500 g kleine, harte Kochbirnen, 50 g Haselnußkerne, geröstet, 150 g Zucker, 1 Zimtstange, 2–3 Gewürznelken, die Schale einer unbehandelten Zitrone

Den Most in einen großen und schweren Topf gießen (nehmen Sie einen Topf aus Edelstahl, weil die Säure des Mosts andere Metalle angreifen kann). Den Most erhitzen und auf etwa die Hälfte einkochen lassen. Sie brauchen für dieses Rezept 1300 Gramm.

Die Walnußkerne mit kochendem Wasser überbrühen, das braune Häutchen abziehen und trockenreiben.

Quitten und Birnen schälen, entkernen und in grobe Stücke schneiden.

Sobald der Most das gewünschte Volumen erreicht hat, Wal- und Haselnüsse, Quitten, Birnen, Zucker, Gewürze und Zitronenschale hineingeben. Wieder zum Kochen bringen und das Ganze auf die Hälfte einkochen lassen.

Das Gelee heiß in Einmachgläser füllen und luftdicht verschließen. Die Gläser auf den Kopf stellen, nach 30 Minuten wieder umdrehen und an einem kühlen und trockenen Ort aufbewahren.

Cotogne a fette
Süß-saures Quittenkompott

Zutaten:
1 kg Quitten, 1 l trockener Weißwein, 6 EL Weißweinessig, 1 Gewürznelke, 1 Zimtstange, die Schale einer unbehandelten Zitrone, 300 g Zucker

Quitten schälen, entkernen und in Scheiben schneiden. In einen Topf aus Edelstahl (die Säure von Wein und Essig kann andere Metalle angreifen) geben. Die übrigen Zutaten hinzufügen und aufkochen lassen. Bei mittlerer Hitze rund 50 Minuten durchkochen. Vom Herd nehmen und erkalten lassen.
Als Beilage zu Wild oder Braten servieren.

Variation: Sie können dieses Quittenkompott auch einmachen, wenn Sie das Obst in einem Gemisch aus 500 ml Wein und 500 ml Essig kochen.

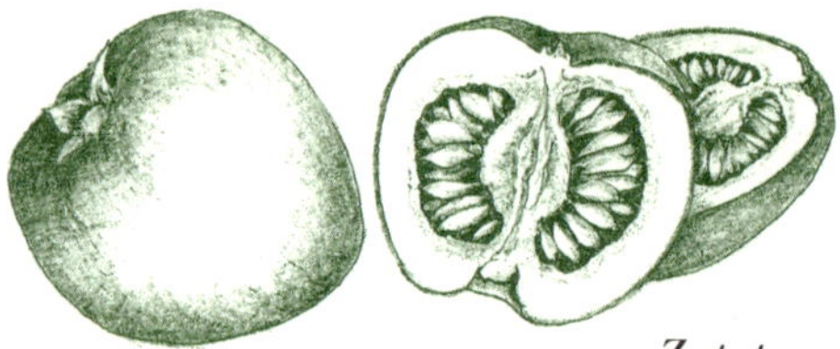

Codognini a la snapa
Quittenlikör

Zutaten:
2 kg sehr reife Quitten, Grappa, Zucker, Zimtstangen

Quitten putzen, schälen und fein reiben. In ein Einmachglas füllen, gut verschließen und 3–4 Tage durchziehen lassen. Die Quittenmasse nun durch ein Haarsieb streichen.
Die entstandene Flüssigkeit mit derselben Menge Grappa aufgießen. Pro Liter dieses Gemischs 300 Gramm Zucker und 1 Zimtstange hinzufügen. In Einmachgläser füllen, luftdicht verschließen und 2 Monate ziehen lassen. Durch einen Filter gießen und auf Flaschen ziehen.

Pere – Birnen

Die mehr als 5000 Birnensorten, die heute weltweit bekannt sind, lassen sich in die beiden Hauptgruppen Koch- und Tafelbirnen einteilen. Kochbirnen sind hart, besitzen wenig Geschmack und sind roh ungenießbar. Frische Tafelbirnen sind im Sommer und Herbst erhältlich und besitzen im Idealfall ein aromatisches und saftiges Fruchtfleisch. Vollreife Birnen sind jedoch leicht verderblich, so daß die Früchte leider viel zu früh geerntet werden und meist unreif und hart in den Handel kommen.

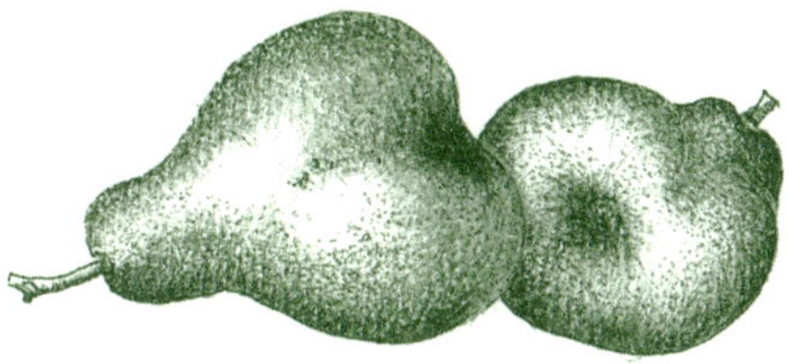

Agnolotti di Esemon
Süß-saure Nudeltäschchen nach der Art von Esemon

Zutaten:
600 g Kartoffeln, 500 g Mehl, Salz, 200 g Birnen, 200 g feinstieliger Mangold (ersatzweise Blattspinat), gewaschen und verlesen, 4 EL gehackte Petersilie, 1/2 EL frische Majoranblättchen, gehackt, die Blättchen von 1 Thymianzweig, gehackt, ein paar Minzeblättchen, gehackt, je 1 Prise Zimt- und Nelkenpulver, 1 TL Zucker, 100 g frische Ricotta oder möglichst trockener Quark (eventuell einige Stunden in ein Sieb setzen und abtropfen lassen), 3–4 EL Paniermehl

Die Kartoffeln mit der Schale weich kochen.
In der Zwischenzeit einen Nudelteig zubereiten. Dazu das Mehl zu einem Kegel aufschütten. Eine Prise Salz und eßlöffelweise warmes Wasser einarbeiten, bis ein glatter Teig entsteht. Rund 10 Minuten energisch durchkneten. Dann zu einer Kugel rollen, abdecken und ruhen lassen, während Sie die Füllung zubereiten. Kartoffeln abgießen, schälen und noch heiß durch ein Kartoffeleisen pressen. Birnen schälen, entkernen und fein reiben. Man-

gold oder Spinat mit dem Wasser, das vom Waschen noch an den Blättern haftet, in einen Topf geben und zusammenfallen lassen. Abtropfen lassen, mit den Händen den letzten Rest Feuchtigkeit herauspressen und grob hacken.
Kartoffeln, Birnen und Mangold mit den Kräutern und sämtlichen Gewürzen vermischen. Ricotta einarbeiten. Zum Schluß die Masse mit Paniermehl binden und salzen.
Den Nudelteig portionsweise ausrollen (den Rest abdecken und feucht halten). Mit einem Wasserglas oder einem Keksförmchen Kreise von 7–8 Zentimeter Durchmesser ausstechen. Die Füllmasse in kleinen Portionen in die Mitte dieser Teigkreise setzen. Zu halbmondförmigen Täschchen zusammenklappen und an den Rändern gut festdrücken. Wie beschrieben fortfahren, bis alle Zutaten aufgebraucht sind. Die ausgeformten Agnolotti in der Zwischenzeit auf ein bemehltes Backblech setzen und mit Küchentüchern abdecken, damit sie nicht austrocknen.
Agnolotti in sanft sprudelndem Salzwasser garen. Abtropfen lassen und mit zerlassener Butter und geriebenem Käse servieren.

Anmerkung: Das traditionelle Rezept sieht vor, daß die Agnolotti mit zerlassener Butter und harter, geriebener Ricotta serviert werden. Vermutlich werden Sie diese Sonderform der Ricotta nicht ohne weiteres bekommen. Nehmen Sie statt dessen geriebenen Grana oder Parmesan.

Pere allo zabaione
Birnen mit Vanille- und Weinschaumcreme

Zutaten:
6 kleinere, feste Birnen, 8 EL Zucker, 60 g Walnußkerne, gehackt, 60 g geschälte Mandeln, gehackt

Für die Vanillecreme:
250 ml Milch, 1 Päckchen Vanillezucker, die abgeriebene Schale einer Zitrone, 3 Eigelbe, 90 g Zucker, 20 g Mehl

Für die Weinschaumcreme:
4 Eigelbe, 4 EL Zucker, 8 EL trockener Marsala oder trockener Weißwein

Birnen schälen, längs halbieren und das Kernhaus herauslösen. Birnenhälften mit 4 Eßlöffeln Zucker in einen Topf geben. Etwas Wasser hinzugießen und die Birnen darin dünsten, bis sie zwar weich sind, aber noch ihre Form behalten. Auf Dessertschalen verteilen.

Für die Vanillecreme die Milch aufkochen lassen, vom Herd nehmen und Vanillezucker sowie Zitronenschale einrühren. Eigelbe mit Zucker zu einer dicken Creme aufschlagen, das Mehl mit einem Schneebesen einrühren und dabei darauf achten, daß sich keine Klümpchen bilden. Die Eimasse in einen Topf geben und ganz sanft erwärmen. Unter ständigem Rühren nach und nach die heiße Milch hinzugießen und die Creme ein wenig eindicken lassen. Die Konsistenz hängt letzten Endes von Ihrem persönlichen Geschmack ab, für dieses Rezept sollte die Creme jedoch relativ flüssig bleiben. Die Creme über die Birnen gießen. Walnüsse und Mandeln mit 4 Eßlöffeln Zucker rasch in einer Pfanne rösten und über die Creme streuen.

Nun die Weinschaumcreme zubereiten. Eigelbe in ein Töpfchen geben und mit dem Zucker zu einer hellen und dicken Creme aufschlagen. Nach und nach Marsala oder Weißwein hineinrühren und im Wasserbad bis zum Siedepunkt erwärmen. Sofort vom Herd ziehen und über die Birnen gießen. Erkalten lassen und vor dem Servieren 2–3 Stunden im Kühlschrank durchkühlen.

Pere al Barolo
Birnen in Barolo

Zutaten:
1 kg kleine und feste Birnen, 250 g Zucker, 1 Gewürznelke, 750 ml Barolo

Backofen auf 180 Grad vorheizen.
Birnen waschen und ungeschält in eine feuerfeste Form setzen. Zuckern, die Gewürznelke hinzufügen und mit Wein übergießen. Die Birnen nun eine Stunde im heißen Ofen garen. Die Flüssigkeit kocht dabei zu einem dicklichen Sirup ein. Birnen aus dem Ofen nehmen und im Sirup erkalten lassen. Zimmerwarm servieren.

Anmerkung: In Piemont verwendet man für dieses Rezept die Birnensorte »Martin sec«, ausgesprochen harte Kochbirnen, die roh ungenießbar sind. Wenn Sie gewöhnliche Tafelbirnen verwenden, kann sich unter Umständen die Garzeit verringern, denn die Birnen sollten zwar weich sein, aber nicht zerfallen. Nehmen Sie dann auch etwas weniger Wein (es muß übrigens nicht unbedingt teurer und schwerer Barolo sein; ein etwas leichterer Piemontese tut's auch), damit der Sirup die richtige Konsistenz erreicht.

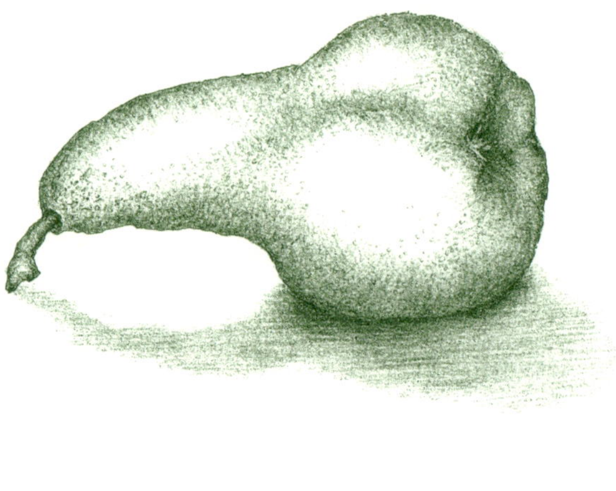

Bacche

BEEREN

Fragole – Erdbeeren

Bei Erdbeeren handelt es sich um Scheinfrüchte (eigentlich der Blütenboden) der Erdbeerstaude. Die aromatischen »Früchte« und besonders die wild wachsenden Walderdbeeren enthalten viel Vitamine, Eisen und Kalium.
Für die untenstehenden Rezepte können Sie sowohl Walderdbeeren als auch gewöhnliche Tafelerdbeeren verwenden.

Cremolata di fragole
Erdbeereis

Zutaten:
300 g reife Erdbeeren, geputzt, 350 g Zucker, die Schale von 3 unbehandelten Orangen, die Schale einer unbehandelten Zitrone, 1 TL Vanillezucker, 250 ml Orangensaft, 200 ml Zitronensaft

Erdbeeren und 150 Gramm Zucker in ein Einmachglas geben. Gut vermischen, luftdicht verschließen und 12 Stunden im Kühlschrank ruhen lassen. Herausnehmen und pürieren.
Die Zitrusschalen in haarfeine Streifen schneiden. Mit dem restlichen Zucker und einem halben Liter Wasser in einen Topf geben und erwärmen, bis sich der Zucker auflöst. Den Sirup durch ein feines Sieb gießen. Vanillezucker, Orangen- und Zitronensaft unterrühren. Schließlich das Erdbeerpüree unterziehen. Gut vermischen und gefrieren lassen. Ab und zu mit einem Schneebesen aufrühren, damit sich keine Eiskristalle bilden können.

Granita di fragole
Erdbeergranité

Zutaten:
1 kg Erdbeeren, 400 g Zucker, Saft einer Zitrone

Erdbeeren putzen und pürieren. Den Zucker mit einem halben Liter Wasser zu einem leichten Sirup verkochen. Sirup und Zitronensaft unter das Erdbeerpüree rühren. Gut vermischen und zu einer körnigen Konsistenz gefrieren, aber nicht vollständig erstarren lassen. Ab und zu mit einem Schneebesen aufrühren, damit die Masse nicht zu fest wird.

Frutta di bosco – Waldbeeren

Stellvertretend für die vielen verschiedenen Beerenarten seien hier Himbeeren und Heidelbeeren erwähnt, die Sie nicht nur mühsam selbst suchen müssen, sondern auch im Laden kaufen können.
Sommer- und Herbsthimbeeren sind die meist roten, bisweilen schwarzen Früchte des knie- bis brusthohen Himbeerstrauchs, der wild in Wäldern nördlicher Klimazonen und als Kulturform in Gärten gedeiht.
Heidelbeeren, auch Blau- oder Schwarzbeeren genannt, sind die Früchte eines knöchelhohen Heidekrautgewächses, das wild in den Wäldern kühlerer Klimagebiete gedeiht. Als Zuchtform gibt es etwa hüfthohe Heidelbeersträucher, die verhältnismäßig große und saftige Beeren hervorbringen. Frische Heidelbeeren gibt es im Sommer.

Vorbereitung: Himbeeren sind zwar sehr empfindlich, sollten aber trotz mancher gegenteiligen Empfehlung gewaschen werden, weil sich in den zahlreichen Vertiefungen gerne Ungeziefer versteckt hält. Die Früchte vorsichtig abbrausen und abtropfen lassen. Heidelbeeren in einem Sieb abbrausen und abtropfen lassen.

Crostata di lamponi e mirtilli
Beerentorte

Für den Mürbeteig:
200 g Mehl, 100 g Zucker, 100 g kalte Butterflöckchen, 3 Eigelbe, 1 Prise Salz, die abgeriebene Schale einer unbehandelten Zitrone, Butter für die Form

Für den Belag:
500 ml Milch, 1 Päckchen Vanillezucker, 1 Stückchen unbehandelte Zitronenschale, 6 Eigelbe, 180 g Zucker, 40 g Mehl, 100 g Sahne, je 250 g Himbeeren und Heidelbeeren, verlesen und geputzt, 80 g Puderzucker

Beginnen Sie mit dem Mürbeteig. Mehl und Zucker in eine Schüssel geben. Die Butterflöckchen, Eigelbe, Salz und Zitronenschale hinzufügen und rasch zu einem glatten Teig verarbeiten. Zu einer Kugel rollen, in Klarsichtfolie schlagen und mindestens 30 Minuten kühl stellen.
Eine runde Kuchenform (ca. 24 cm Durchmesser) buttern. Boden und Wände mit dem Mürbeteig auskleiden. Mit Alufolie abdecken und mit getrockneten Hülsenfrüchten oder einem Gewicht beschweren. Im 180 Grad heißen Backofen 20–25 Minuten blindbacken. Herausnehmen, das Gewicht entfernen und den Teig erkalten lassen.
Inzwischen für den Belag eine Creme zubereiten. Die Milch bis zum Siedepunkt erhitzen und vom Herd ziehen. Vanillezucker und Zitronenschale einrühren. Die Eigelbe mit dem Zucker zu einer hellen und dicken Creme aufschlagen. Mit einem Schneebesen das Mehl einrühren. In ein Töpfchen geben und auf sehr kleiner Flamme sanft erwärmen und eindicken lassen. Nach und nach die heiße Milch einrühren. Vom Herd nehmen und unter gelegentlichem Umrühren erkalten lassen. Die Sahne steif schlagen und unter die erkaltete Creme ziehen.
Die Creme in den Mürbeteigboden füllen. Mit den Beeren bestreuen und servieren.

Uva – Wein- und Tafeltrauben

Es mag Sie überraschen, daß Sie Trauben unter den Beeren finden. Doch was im Deutschen gemeinhin »Trauben« genannt wird, bezeichnet nur den Fruchtstand der Weinrebe, der im botanischen Sinne jedoch als geschlossene Rispe gilt. Die einzelnen Früchte sind die Beeren. Man unterscheidet grob zwischen Weintrauben und Tafeltrauben. Die Beeren der Weintrauben sind meist klein, haben harte Schalen und sind für den Verzehr nur bedingt geeignet. Tafeltrauben dagegen zeichnen sich durch große Beeren mit zarter Schale aus und sind je nach Sorte sogar kernlos.

Salsa d'agresto
Säuerliche Traubensauce

Diese Sauce wird in Oberitalien zu gesottenem Fleisch oder zu gedünstetem Gemüse gereicht.

Zutaten:
30 Mandeln, 15 Walnußkerne, 200 g säuerliche Weintrauben, 1 Zwiebel, gehackt, 4 EL gehackte Petersilie, 1 Knoblauchzehe, gehackt, 50 g altbackenes Weißbrot ohne Rinde, 1/2 EL Zucker, Salz und Pfeffer

Mandeln und Walnüsse mit heißem Wasser überbrühen und häuten. Auf ein Küchentuch breiten und trockenrubbeln.
Weintrauben waschen und trocknen.
Sämtliche Zutaten im Mörser zerstoßen oder in der Küchenmaschine pürieren. Die Masse anschließend durch ein Sieb passieren und in ein Töpfchen geben. Nach Bedarf mit etwas Wasser verflüssigen und sanft erwärmen.

Tortelli cremaschi
Tortelli mit Rosinenfüllung nach der Art von Crema

Für den Teig:
400 g Mehl, 1 Ei, lauwarmes Wasser, Salz

Für die Füllung:
3 EL Paniermehl, 2 EL Butter, 60 g Rosinen, fein gehackt, 120 g Amaretto-Makronen, pulverfein zerrieben, 4 EL geriebener Grana oder Parmesan, 1 Mostaccino (s. u.), zerrieben, 50 g Zitronat, fein gewürfelt, 1 Ei, 1 Prise frisch geriebener Muskat, die abgeriebene Schale von 1/2 unbehandelten Zitrone, 1–2 EL trockener Marsala (ersatzweise Sherry), zerlassene Butter und Parmesan zum Servieren

Aus den angegebenen Zutaten einen Nudelteig herstellen und ruhen lassen (siehe Anleitung auf Seite 277).
Das Paniermehl in der heißen Butter goldbraun rösten. Vom Herd nehmen und in eine Schüssel geben. Mit Rosinen, Amaretto-Makronen, Käse, Mostaccino und Zitronat vermischen. Mit dem Ei binden und zu einer gleichmäßigen Masse verarbeiten. Mit Muskat und Zitronenschale verfeinern und mit Marsala geschmeidig rühren. Den Nudelteig portionsweise dünn ausrollen, den Rest in Folie schlagen, damit er nicht austrocknet.
Kleine Dreiecke aus dem Teig ausschneiden und etwas Füllmasse darauf setzen. Die Dreiecke zusammenklappen und sorgfältig versiegeln. Die gefüllten Täschen auf ein bemehltes Blech setzen und mit Küchentüchern abdecken, damit sie nicht austrocknen. Wenn Sie alle Tortelli ausgeformt haben, einen großen Topf Salzwasser zum Kochen bringen. Die Tortelli darin sanft sprudelnd al dente garen. Mit einem Sieblöffel herausheben und abtropfen lassen. Auf Teller verteilen und mit zerlassener Butter und Parmesan anrichten.

Anmerkung: Mostaccioli sind eine Gebäckspezialität aus der oberitalienischen Stadt Crema. Die saftigen Kekse enthalten Dörrobst und Gewürze. Nehmen Sie ersatzweise ein Stück Honiglebkuchen.

Agrumi
ZITRUSFRÜCHTE

Arancia – Orange

Als Orangen oder Apfelsinen im 16. Jahrhundert erstmals von China nach Mitteleuropa gelangten, wurden sie zunächst ausschließlich zur Zierde in sogenannten Orangerien gezüchtet. Heute werdem sie im gesamten Mittelmeerraum, in Kalifornien und Florida in großem Maßstab angebaut. Man unterscheidet heute allgemein zwischen Bitterorangen (Bergamotte, Pomeranzen) und Süßorangen, die für die Lebensmittelindustrie einerseits und für den Verzehr andererseits (Blond-, Blut- und Navelorangen) dienen. Die stark duftenden Blüten der Pomeranze werden zu Orangeblütenwasser verarbeitet, das für Süßspeisen, aber auch in der Kosmetikindustrie Verwendung findet.

Salsa al succo d'arancia
Sizilianische Orangensauce

Zutaten:
2 EL Butter, 3 Eigelbe, Salz und Pfeffer, 50 ml Weißweinessig, 2 EL Orangensaft, die abgeriebene Schale von 1/2 unbehandelten Orange

Butter im Wasserbad schmelzen. Die Eigelbe verquirlen und nach und nach unter die Butter rühren. Salz, Pfeffer sowie die übrigen Zutaten hinzufügen. Gründlich vermischen und heiß zu gedünstetem Gemüse servieren.

Tip: Die Sauce schmeckt besonders gut zu grünem Spargel und Fenchel.

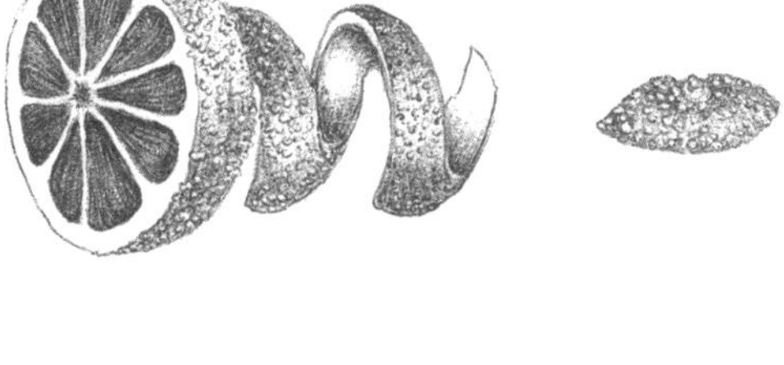

Limone – Zitrone

Die Vitamin-C-haltigen Früchte des Zitronenbaumes werden seit dem Mittelalter in Südeuropa angebaut. In der Küche verwendet man hauptsächlich den Saft und die abgeriebene Schale, da das Fruchtfleisch für den Verzehr zu sauer ist. Zitronat wird aus der Schale der Zedratzitrone gewonnen.

Spaghetti al limone
Spaghetti in Zitronensauce

Zutaten für 4 Personen:
600 g reife und schnittfeste Tomaten, 8–10 Basilikumblätter, 2 Knoblauchzehen, Saft einer Zitrone, 50 ml Olivenöl, Salz und Pfeffer, 360 g Spaghetti

Tomaten kurz in kochendes Wasser tauchen, häuten, entkernen und würfeln. In ein Sieb geben und gründlich abtropfen lassen. Basilikum und Knoblauch grob hacken. Mit Tomaten, Zitronensaft und Olivenöl vermischen. Salzen und pfeffern.
Die Spaghetti in reichlich sprudelndem Salzwasser al dente garen. Abgießen und mit der Sauce anrichten.

Limonata al forno
Zitronenpudding

Zutaten:
2 unbehandelte Zitronen, 6 Eier (trennen), 200 g Zucker, 200 g geschälte Mandeln, fein gehackt, 2 EL Rum, Butter für die Form

Zitronen gründlich waschen, mit der Schale in Stücke schneiden und entkernen. Mit 1 1/2–2 Liter Wasser aufsetzen und 2 Stunden lang auf kleiner Flamme weich kochen. Die Zitronenstückchen abgießen und durch ein Sieb streichen.
Eigelbe in eine Schüssel geben und mit dem Zucker zu einer dicken, hellgelben Creme aufschlagen. Mandeln, Rum und Zitronenmus hinzufügen und sorgfältig vermischen. Die Eiweiße steif schlagen und vorsichtig unterheben.
Backherd auf 180 Grad vorheizen.
Die Puddingmasse in eine gebutterte Form streichen und im heißen Ofen circa 60 Minuten im Wasserbad garen und setzen lassen. Vor dem Servieren erkalten lassen.

Mandarino – Mandarine

Mandarinen kamen in Europa im Lauf des 19. Jahrhunderts auf. Der Name der kleinen und aromatischen Zitrusfrüchte leitet sich von den chinesischen Mandarins ab, die eine leuchtend orangefarbene Amtstracht trugen. Man unterscheidet zahllose Variationen, die auf Kreuzungen zwischen den eigentlichen Mandarinen (gewöhnliche Mandarine, Satsuma, Tangerine) und zwischen Mandarinen und anderen Zitrusfrüchten (mit Orangen, Pomeranzen, Grapefruit) zurückgehen. Da die gewöhnliche Mandarine sehr viele Kerne enthält, nimmt man lieber die kernarme oder kernlose Satsuma.

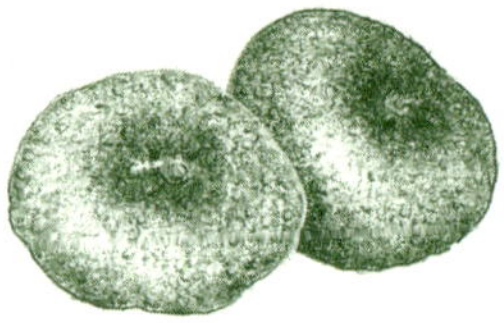

Mandarini ripieni gelati
Mandarinensorbet

Zutaten:
10 unbehandelte Mandarinen, 60 g Speisestärke, 100 g Zucker

Mandarinen waschen und abtrocknen. Die Schale von 2 Mandarinen abreiben und beiseite stellen.
Von den übrigen 8 Mandarinen einen Deckel abschneiden und beiseite legen. Mit einem scharfen Messer das Fruchtfleisch herauslösen, ohne die Schale zu beschädigen.
Das Fruchtfleisch auspressen, den Saft durch ein Sieb gießen und mit den abgeriebenen Mandarinenschalen vermischen. Speisestärke und Zucker einrühren und darauf achten, daß sich keine Klümpchen bilden. Die Masse in ein Töpfchen füllen und auf kleiner Flamme eindicken lassen. Abkühlen lassen und in die ausgehöhlten Mandarinen füllen. Die Deckel wieder aufsetzen.
Die Mandarinen vor dem Servieren 30 Minuten ins Gefriergerät stellen und gut durchkühlen.

Noci
NÜSSE

Castagne – Maronen, Eßkastanien

Der Echte Kastanienbaum gehört zu den Buchengewächsen und gedeiht im milden Klima Ober- und Mittelitaliens, in Frankreich, Spanien und auch in der Pfalz. Die stacheligen Früchte fallen im Herbst von den Bäumen und können (vorsichtig und mit dicken Handschuhen) aufgesammelt werden. Die Maronen werden von der stacheligen äußeren Schale befreit und kommen nur noch mit ihrer rötlich-braunen Fruchtschale in den Handel. Verzehrt wird nur der cremeweiße Kern. Frische Eßkastanien oder Maronen gibt es ab Oktober zu kaufen. Als Püree oder eingelegt sind sie das ganze Jahr über in Dosen zu haben.

Vorbereitung: Die Maronen waschen und abtrocknen. Die Früchte auf der gewölbten Seite kreuzförmig einritzen. Entweder mit der Wölbung nach oben auf ein Backblech geben und im 180–200 Grad heißen Backofen rösten oder in leicht gesalzenem Wasser weich garen (jeweils etwa eine Stunde).

Zuppa di castagne e finocchi
Fenchel-Maronen-Suppe

Zutaten:
200 g Maronen, 250 g wilder Fenchel (ersatzweise weißer Fenchel mit Blattgrün), 1 Zwiebel, fein gehackt, 1 Selleriestengel, fein gehackt, 4 EL Olivenöl, Salz

Die Maronen wie beschrieben vorbereiten und in Salzwasser weich kochen. Dann abgießen (etwas Kochwasser für später aufheben) und abkühlen lassen, bis Sie die Maronen anfassen können. Die Früchte schälen und dabei auch das feine braune Häutchen abziehen.

Fenchel putzen und klein schneiden. Zwiebel und Sellerie in Olivenöl andünsten und leicht salzen. Den Fenchel hinzugeben und 10 Minuten mitdünsten. Dann die weich gekochten Maronen und eine Kelle Kochwasser hinzufügen. Das Gemüse einige Minuten im Öl schwenken, dann mit gut einem Liter warmem Wasser auffüllen und aufkochen lassen. Einige Minuten durchköcheln, abschmecken und heiß servieren.

Castagne con la grappa e il vino bianco
Beschwipste Maronen

Zutaten:
600 g Maronen, 2 EL Grappa, 100 ml trockener Weißwein

Backofen auf 250 Grad vorheizen.
Die Maronen wie beschrieben vorbereiten und auf einem Backblech ausbreiten. Im heißen Ofen braten, bis sie zwar weich sind, aber noch einen kernigen Biß haben. Maronen während des Bratens ab und zu wenden (dazu einfach am Backblech rütteln). Die Maronen in eine Schüssel geben und mit Grappa und Wein beträufeln. Abdecken und 15–20 Minuten ziehen lassen. Danach schälen und servieren.

Castagne con le mele
Maronen-Apfel-Kompott

Dieses Kompott stammt aus Sizilien und wurde früher zu schlichtem Bauernweißbrot gegessen. Heute serviert man das Kompott als Dessert oder als nachmittäglichen Imbiß und reicht Kekse oder anderes feines Gebäck dazu.

Zutaten:
600 g Maronen, Salz, 600 g Äpfel, 200 g Zucker, 1–2 EL Zitronensaft (nach Wunsch)

Die Maronen wie beschrieben vorbereiten. In Salzwasser blanchieren, abgießen und leicht abkühlen lassen. Sobald Sie die Früchte anfassen können, die braune Schale und das feine haarige Häutchen entfernen. Die Maronenkerne in Salzwasser weich garen. Abgießen und pürieren.
Während die Maronen kochen, die Äpfel schälen, entkernen und in gleichmäßige Scheiben schneiden. Mit Zucker und einem Hauch Wasser in einen Topf geben und leise dünsten, aber nicht zerfallen lassen.
Das Apfelkompott mit dem Maronenpüree vermischen. Da die Äpfel im Geschmack sehr unterschiedlich ausfallen, das Ganze nach Wunsch mit etwas Zitronensaft abrunden. Erkalten lassen und servieren.

Calcionetti
Maronenkonfekt

Zutaten:
1 kg Maronen, 150 g flüssiger Honig, 1 EL Zucker, 100 g Zitronat, fein gewürfelt, 3 EL Kakaopulver, 150 g geröstete und gehackte Mandeln, die abgeriebene Schale einer unbehandelten Orange, 100 ml trockener Weißwein, Olivenöl und Mehl zum Binden

Maronen auf der gewölbten Seite kreuzförmig einritzen und in Salzwasser weich garen. Abgießen und pürieren.
Das Maronenpüree mit den übrigen Zutaten zu einem gleichmäßigen und zähen, aber nicht harten Teig verarbeiten. Etwa 2 Zentimeter hoch auf ein mit Backtrennpapier ausgelegtes Backblech streichen. 24 Stunden ruhen und fest werden lassen. In Rauten schneiden und als Konfekt servieren.

Mandorle – Mandeln

Mandeln sind die Samen der pfirsichähnlichen Früchte des Mandelbaums, der in den milden Regionen des Mittelmeerraums und in Kalifornien gedeiht. Man unterscheidet zwischen Süß- und Bittermandeln. Süßmandeln besitzen eine milde, butterartige Konsistenz. Sie kommen ganz, gestiftelt, als Blättchen oder gehackt und gemahlen in den Handel und werden pur verzehrt oder zum Kochen und Backen verwendet. Bittermandeln dagegen enthalten Blausäure und dürfen daher nur in geringen Mengen verwendet werden – was wegen des durchdringenden Geschmacks ohnehin nicht anders in Frage kommt. In der Regel setzt man sie als Aromaverstärker ein. Sie werden auch als Extrakt angeboten und verfeinern so tröpfchenweise Kuchen und Süßspeisen.

Torta dolce di riso alle mandorle
Mandel-Reis-Torte

Zutaten:
1 l Milch, 100 g Puderzucker, die abgeriebene Schale einer unbehandelten Zitrone, 300 g Reis, Salz, 4 Eier (trennen), 100 g geschälte und gemahlene Mandeln, 4 geschälte und gemahlene Bittermandeln (oder 1/2 TL Bittermandelextrakt), Butter und Paniermehl für die Form

Die Milch mit Puderzucker und der Hälfte der Zitronenschale aufkochen lassen. Den Reis mit einer Prise Salz hineingeben und garen, bis der Reis die gesamte Flüssigkeit aufgesogen hat.
Vom Herd nehmen und erkalten lassen. Ab und zu umrühren. Dann die restliche Zitronenschale, die leicht verquirlten Eigelbe sowie die süßen und bitteren Mandeln unterrühren. Eiweiße steif schlagen und vorsichtig unter die Reismasse heben.

Backherd auf 180 Grad vorheizen. Eine runde Kuchenform buttern und mit Paniermehl ausstreuen. Die Reismasse einfüllen und glattstreichen. 40 Minuten im heißen Ofen abbacken. Zimmerwarm servieren.

Latte di mandorle
Sizilianische Mandelmilch

Zutaten:
800 g Mandeln

Mandeln mit kochendem Wasser überbrühen und häuten. Die Mandeln zerstoßen und mit etwas Wasser verflüssigen.

Variation: Aus dieser Mandelmilch können Sie ein ausgezeichnetes Eisgetränk herstellen. Die Milch dazu mit einer Zimtstange und Vanillezucker verfeinern und zu einer körnigen Konsistenz gefrieren lassen. Gelegentlich aufrühren, damit die Masse nicht fest wird.

Nocciole – Haselnüsse

Haselnußsträucher wachsen im gemäßigten Klima Mitteleuropas. In Italien gilt Piemont als wichtigste Anbaugegend für Haselnüsse. Vor allem in den Langhe, dem Herzstück der Region, in der so großartige Weine wie Barbera und Barolo beheimatet sind, nutzt man die höheren Lagen, in denen keine Reben mehr gedeihen, um Haselnußsträucher anzubauen.

Noccioline di Chivasso
Haselnußmeringe

Zutaten:
200 g Haselnüsse, 150 g Eiweiß, 200 g Puderzucker, 1 Päckchen Vanillezucker

Die Haselnüsse ohne zusätzliches Fett auf ein Blech streuen und im 180 Grad heißen Ofen leicht rösten. Herausnehmen, noch heiß in ein Küchentuch schlagen und rubbeln, damit sich das braune Häutchen löst. Die Kerne anschließend mehlfein mahlen. Eiweiß sehr steif schlagen. Mit Puder- und Vanillezucker vermischen und vorsichtig unter das Haselnußmehl heben.
Ein Backblech mit Backtrennpapier auslegen. Die Haselnußmasse in eine glatte Spritztülle füllen und damit kleine Meringen auf das Blech spritzen (oder mit einem Eßlöffel auf dem Blech verteilen). Die Meringen bei 120 Grad etwa 90 Minuten mehr trocknen als backen. Vor dem Servieren erkalten lassen.

Semifreddo di nocciole
Haselnuß-Halbgefrorenes

Zutaten:
3 Eigelbe, 50 g Zucker, 100 g gemahlene Haselnüsse, 600 g geschlagene Sahne

Eigelbe mit Zucker zu einer dicken und hellen Creme aufschlagen. Die Haselnüsse und anschließend die Sahne unterziehen. Eine passende Kastenform mit Haushaltsfolie auskleiden. Die Creme einfüllen, abdecken und im Gefriergerät etwa 3 Stunden durchkühlen.

Tip: Wenn Ihr Semifreddo zu fest wird, etwa 45 Minuten vor dem Verzehr aus dem Gefriergerät nehmen und antauen lassen.

Torta alla crema di nocciole
Haselnußcremetorte

Für den Tortenboden:
6 Eigelbe, 180 g Zucker, Saft und abgeriebene Schale von 1/2 unbehandelten Zitrone, 180 g Mehl, 1/2 Päckchen Backpulver, Butter für die Form

Für die Creme:
100 g Haselnüsse, 50 g Zucker, 2 EL mildes Olivenöl, 50 g Butter, 50 g Puderzucker, 1 Päckchen Vanillezucker

Backofen auf 180 Grad vorheizen.
Für den Tortenboden die Eigelbe mit Zucker zu einer dicken, hellgelben Creme aufschlagen. Zitronensaft und -schale einrühren, dann nach und nach das Mehl und zum Schluß das Backpulver hinzufügen. Eine Tortenform (ca. 24 cm Durchmesser) buttern und den Teig einfüllen. Im vorgeheizten Ofen 30 Minuten abbacken. Aus dem Ofen nehmen und auf einem Ku-

chengitter abkühlen lassen. In der Zwischenzeit die Creme zubereiten.
Die Haselnüsse ohne zusätzliches Fett auf ein Blech streuen und im heißen Ofen (ebenfalls 180 Grad) leicht rösten. Herausnehmen, noch heiß in ein Küchentuch schlagen und rubbeln, damit sich das braune Häutchen löst. Die Kerne anschließend fein zerstoßen oder mahlen.
Den Zucker mit einem Eßlöffel Wasser bei milder Hitze karamelisieren lassen. Vom Herd nehmen, mit den Haselnüssen vermischen und auf eine geölte Platte streichen. Diese Art Krokant erkalten lassen und grob hacken. In einer Schüssel Butter, Puderzucker und Vanillezucker verrühren. Die Hälfte der Haselnußmasse unterziehen.
Den Tortenboden quer halbieren. Die Hälfte der Creme auf dem unteren Boden verstreichen. Den zweiten Boden aufsetzen und mit der restlichen Creme bestreichen. Den Rand mit dem übrigen Haselnußkrokant dekorieren.

Noci – Walnüsse

Walnüsse sind von einer dickfleischigen grünen Schale umhüllt, die eine dunkelbraune, stark färbende Flüssigkeit enthält (frische Walnüsse daher nur mit Plastikhandschuhen schälen!). Aus dieser grünen Schale kann man einen Likör herstellen. Im Handel sind meistens nur die eigentlichen Nüsse erhältlich. Die Kerne werden ganz oder gehackt oder gemahlen für Füllungen und Salate, Gebäck und Desserts verwendet. Walnußöl, das sich besonders für Salate empfiehlt, ist farblos bis hellgelb, besitzt einen angenehm nussigen Geschmack, wird aber sehr schnell ranzig, so daß Sie nur kleine Mengen davon kaufen sollten.
Eng verwandt mit den Walnüssen sind die sogenannten Schwarznüsse, die etwas kleiner ausfallen und eine sehr harte Schale besitzen. Aus den Schwarznüssen wird in der Regel ein hocharomatischer Extrakt gewonnen, den man zum Backen und Verfeinern von Süßspeisen verwenden kann.

Bigoli con salsa alle noci
Bigoli mit Walnußsauce

Zutaten:
500 g Bigoli (oder ähnliche Nudeln, z. B. grobe Spaghetti), Salz und Pfeffer, 4 EL sehr feines Paniermehl, 3 EL Butter, 200 g Walnußkerne, 1 EL Zucker, je 1 Prise Zimtpulver und frisch geriebener Muskat, 50 ml Olivenöl

Einen großen Topf Wasser zum Kochen bringen und salzen. Die Bigoli darin al dente garen. Dabei ab und zu umrühren.
In der Zwischenzeit das Paniermehl in Butter goldbraun rösten. Walnüsse mit Zucker, Zimt und Muskat sowie Salz und Pfeffer im Mörser zerstoßen oder in der Küchenmaschine grob mahlen.

Nach und nach das Öl hinzufügen und zu einer glatten Paste verrühren.
Die Pasta abgießen und mit Walnußsauce und dem gerösteten Paniermehl anrichten.

Lasagne alle noci
Lasagne mit Walnußsauce

Dieses Rezept aus der Lombardei spricht zwar von Lasagne, doch hier ist nicht der übliche Auflauf aus dem Ofen gemeint, sondern ein einfaches Pastagericht mit sehr breiten Nudelstreifen. Sie können diese Nudelstreifen selber machen oder aber beispielsweise sehr breite Bandnudeln wie Pappardelle dafür verwenden.

Zutaten:
Nudelteig aus 400 g Mehl, 4 Eiern, 1 Prise Salz oder 400 g breite Bandnudeln (s. o.), 4 EL Paniermehl, Milch zum Einweichen, 200 g Walnußkerne, grob gehackt, 3 Knoblauchzehen, grob gehackt, 50 ml Olivenöl, Salz und Pfeffer

Wenn Sie den Teig selber herstellen, das Mehl zu einem Kegel aufhäufen und in der Mitte eine Vertiefung formen. Die Eier in einem Schälchen verquirlen, in diese Mulde gießen und salzen. Nach der Anleitung im Grundrezept auf Seite 277 fortfahren. Teig abdecken und ruhen lassen.
Nun die Sauce zubereiten. Paniermehl in etwas Milch einweichen. Nüsse und Knoblauch im Mörser fein zerstoßen oder in der Küchenmaschine zerkleinern. Mit dem eingeweichten Paniermehl und Olivenöl zu einer geschmeidigen Paste vermischen. Mit Salz und Pfeffer abschmecken.
Einen Topf Nudelwasser zum Kochen bringen und salzen.
Inzwischen den frischen Nudelteig dünn ausrollen und in 3 Zentimeter breite Streifen schneiden.
Die Pasta im sprudelnden Salzwasser al dente garen (frische Nudeln brauchen etwa 60 Sekunden, bei gekauften Nudeln die

Packungsanleitung beachten). Abgießen und mit der Walnußsauce anrichten.

Tip: Wenn die Walnußsauce zu trocken wirkt, mit etwas Nudelwasser verflüssigen.

Pasta con noci e funghi
Pasta mit Pilzen und Walnußsauce

Zutaten:
300 g frische Pilze, Salz und Pfeffer, 400 g Pasta nach Wahl, 200 g Walnußkerne, gehäutet und gemahlen, 1 Knoblauchzehe, fein gehackt, 5–6 EL geriebener Parmesan, 50 ml Olivenöl

Die Pilze putzen und je nach Größe halbieren oder vierteln. Mit einem Hauch Wasser in eine Pfanne geben und leise weich dünsten. Salzen und pfeffern.
Die Pasta in reichlich Salzwasser al dente garen.
Inzwischen die Walnüsse mit Knoblauch und Parmesan vermischen, nach und nach das Olivenöl unterrühren. Salzen und pfeffern. Sollte diese Paste sehr trocken wirken, mit etwas Nudelwasser verflüssigen.
Pasta abgießen und mit Pilzen und Walnußsauce anrichten.

Anmerkung: Das Originalrezept aus Ligurien sieht vor, daß Nudeln und Pilze gemeinsam im Salzwasser garen, was sicher sehr wirtschaftlich ist. Doch dazu müssen Sie eine Pilzsorte auftreiben, die dieselbe Garzeit wie die Nudeln hat, sonst wird das Timing kompliziert. Es ist daher in den meisten Fällen einfacher, Nudeln und Pilze getrennt zu garen.

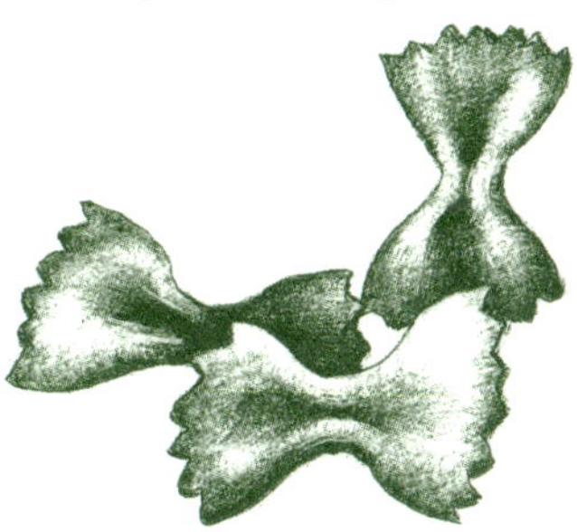

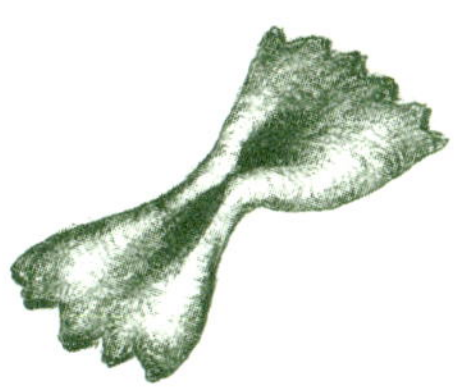

Torta dolce di noci
Walnußkuchen

Für den Teig:
200 g Mehl, 100 g Zucker, 100 g zimmerweiche Butter in Flöckchen, 3 Eigelbe, 1 Prise Salz, Butter für die Form

Für die Füllung:
6 Eier (trennen), 600 g Zucker, 400 g Walnußkerne, fein gemahlen, 250 g Milch, 100 g fein gewürfeltes Zitronat

Für den Teig Mehl und Zucker mischen und zu einem Kegel aufhäufen. In der Mitte eine Vertiefung formen. Butterflöckchen, Eigelbe und Salz hineingeben und rasch zu einem Teig verarbeiten. Zur Kugel rollen und etwa eine Stunde kühl stellen.
Inzwischen die Füllung zubereiten. Eigelbe in eine Schüssel geben und mit 300 Gramm Zucker zu einer dicken und hellgelben Creme aufschlagen.
Walnüsse mit dem restlichen Zucker vermischen und unter die Eimasse ziehen. Nun die Milch und das Zitronat einrühren. Die Eiweiße sehr steif schlagen und vorsichtig unterheben.
Wände und Boden einer runden Kuchenform (ca. 24 cm Durchmesser) buttern und mit dem Teig auskleiden. Die Nußmasse einfüllen und glattstreichen. Im 180 Grad heißen Ofen rund 30 Minuten abbacken. Erkalten lassen und servieren.

Nocino modenese
Walnußlikör Modena

Walnußlikör macht man fast überall in Italien, wo es Nußbäume gibt. Die Liköre aus der Emilia Romagna und insbesondere aus Modena genießen jedoch einen außergewöhnlich guten Ruf. Hier ein Rezept:

Zutaten:
30 grüne und weiche Walnüsse, 500 g Zucker, 1 Gewürznelke, 1 l Schnaps

Die Nüsse putzen und fein zerstoßen. Mit den übrigen Zutaten in ein Einmachglas geben, luftdicht verschließen und 2 Monate lang an einem dunklen, kühlen und trockenen Ort ziehen lassen. Das Glas ab und zu schütteln.
Den entstandenen Likör durch einen Filter gießen und auf Flaschen ziehen. Vor dem Servieren mindestens weitere 4 Monate ruhen lassen.

Pinoli – Pinienkerne

Pinienkerne oder Pignolien sind die Samen aus den dicken Zapfen einer Kiefernart, die aus Kleinasien stammt, heute aber im gesamten Mittelmeerraum verbreitet ist. Die stark ölhaltigen Samen schmecken süßlich und erinnern ein wenig an Harz. Sie werden in der orientalischen und mediterranen Küche zum Verfeinern von Gemüsegerichten, für Saucen und Süßspeisen verwendet. Sie gehören außerdem in den berühmten Genueser Basilikumpesto (siehe Seite 78).
Wegen ihres hohen Ölgehalts werden Pinienkerne schnell ranzig. Kaufen Sie daher immer nur kleinere Mengen.

Penne ai pinoli
Penne mit Pinienkernsauce

Zutaten:
20 g Walnußkerne, 50 g Pinienkerne, 8 EL Olivenöl, 1 Knoblauchzehe, zerstoßen, Salz und Pfeffer, 4 EL geriebener Parmesan, 1 EL frische Majoranblättchen, 360 g Penne rigate

Walnüsse fettlos in einem Pfännchen rösten. Sobald sie ihren typisch nussigen Duft entfalten, vom Herd ziehen und in ein Küchentuch schlagen. Leicht rubbeln und das feine braune Häutchen abziehen.
Walnüsse und Pinienkerne im Mörser oder in der Küchenmaschine fein hacken.
Inzwischen das Olivenöl in einer Pfanne erhitzen. Die Knoblauchzehe darin goldgelb dünsten. Herausnehmen und wegwerfen. Nun die gehackten Nüsse in das Knoblauchöl geben und leicht rösten. Salzen und pfeffern. In eine Schüssel geben und mit dem geriebenen Parmesan und den Majoranblättchen vermischen. Nach Wunsch später mit etwas Nudelwasser verflüssigen.

Die Penne in reichlich Salzwasser al dente garen und abgießen. Mit der Pinienkernsauce überziehen, gut vermischen und auftragen.

Tip: Nach Wunsch mit geriebenem Pecorino bestreuen.

Purè di patate con pinoli
Kartoffelpüree mit Pinienkernen

Zutaten:
600 g Kartoffeln, 80 g Pinienkerne, 250 ml heiße Milch, 2 EL Butter, Salz

Die Kartoffeln mit der Schale weich kochen. In der Zwischenzeit die Pinienkerne ohne Fett in einem Pfännchen goldgelb rösten. Vom Herd ziehen und beiseite stellen.
Die Kartoffeln abgießen, schälen und mit heißer Milch, Butter und einer Prise Salz verrühren. Zu einem glatten Püree verarbeiten und die Pinienkerne unterheben. Gut vermischen und zu Tisch bringen.

Sesamo – Sesam

Keine Nüsse im eigentlichen Sinne, sondern die Samen einer krautigen Pflanze sind die Sesamkörner, die vor allem in der orientalischen und fernöstlichen Küche als geröstete Körner oder zu Öl gepreßt Speisen verfeinern und würzen. Innerhalb Italiens kennt einzig die sizilianische Regionalküche den Gebrauch von Sesam – ein Vermächtnis der arabischen Herrschaft auf der Insel. Sesamkörner werden vor dem Verzehr meist geröstet, wodurch sie einen fein nussigen Duft und Geschmack erhalten. Sesamkerne ergeben außerdem ein feines Öl und werden zu Tahini verarbeitet. Diese Paste verwendet man in der Küche des Vorderen Orients zum Würzen und Binden.

Panini al sesamo conditi
Sesambrötchen

Zutaten:
1 Hefewürfel, 250 ml lauwarmes Wasser, 500 g Mehl, 1/2 TL Salz, 3 EL Olivenöl, 75 g Sesamsaat

Für die Füllung:
8 EL Olivenöl, Salz und Pfeffer, gehackte Petersilie, schwarze Oliven, frischer Caciocavallo oder ein anderer würziger Schnittkäse

Die Hefe im lauwarmen Wasser auflösen. Das Mehl in eine Schüssel sieben und in der Mitte eine Vertiefung formen. Die Hefemischung, das Salz und zwei Eßlöffel Öl hineingeben. Vom Rand her etwas Mehl über diese Mischung häufen. Abdecken und an einem warmen Ort 30 Minuten gehen lassen.
Den Vorteig nun 5 Minuten mit den Händen kräftig durchkneten. Zu einer Kugel rollen, in eine Schüssel legen und rundum

mit Olivenöl bepinseln. Abdecken und 30 Minuten gehen lassen. Wieder kräftig durchkneten.
Backherd auf 200 Grad vorheizen.
Den Hefeteig in kleine Brötchen portionieren und auf einem geölten Backblech verteilen. Mit Sesamsaat bestreuen und im vorgeheizten Backofen goldbraun backen.
Die heißen Brötchen halbieren und mit Olivenöl beträufeln sowie mit Salz und Pfeffer bestreuen. Nach Geschmack mit einer beliebigen Zusammenstellung von Petersilie, Oliven und Käse füllen.

Torrone di semi di sesamo
Sesamtorrone

Zutaten:
300 g Honig, 80 g Zucker, 200 g Sesamsaat, 100 g gehäutete Mandeln, fein gehackt

Den Honig im Wasserbad auflösen. Zucker und Sesam sowie die Mandeln einrühren. Gründlich vermischen und dick einkochen lassen. Die Masse auf ein Backblech streichen, zu einem dicken Riegel formen und fest werden lassen.

Ricette di base

GRUNDREZEPTE

Pasta all'uovo
Eiernudeln

Zutaten:
400 g Mehl, 1 Prise Salz, 3–4 Eier (Größe M)

Das Mehl auf einer Arbeitsfläche zu einem Kegel aufschütten. In der Mitte eine Vertiefung formen, das Salz hineingeben und drei Eier hineinschlagen (s. u.). Die Eier vorsichtig verquirlen, dann mit einer Gabel vom inneren Rand des Mehlkraters nach und nach Mehl dazugeben und mit den Eiern vermischen. Sobald der Teig zusammenhält, mit den Händen energisch durchkneten. Nach 10–15 Minuten erreicht der Teig die gewünschte feste, aber elastische Konsistenz. Den Teig ausrollen oder nach Bedarf abdecken und bis zur Verwendung ruhen lassen.

Wenn Sie den Teig per Hand ausrollen, die Arbeitsfläche gut bemehlen und mit einem Teigschaber immer wieder von Krümelchen befreien, die den Teig reißen lassen könnten.

Sie können den Teig auch auf einer guten handbetriebenen Nudelmaschine ausrollen. Den Teig mehrmals durch die weiteste Einstellung der Maschine schicken. Immer wieder wie einen Briefbogen falten und durch die Walzen der Nudelmaschine treiben. Dann den Abstand der Walzen schrittweise verringern und den Teig je einmal durch jede Einstellung treiben, bis die dünnste Einstellung erreicht ist. Die Walzen der Maschine und den Teig während des Ausrollens immer wieder mit Mehl bestreuen.

Den Teig dann nach Rezept weiterverarbeiten und zurechtschneiden.

Tips: Das Mehl vor dem Verarbeiten durchsieben, damit der Teig eine gleichmäßigere Konsistenz erhält.

Als Faustregel veranschlagt man für Eiernudeln ein Ei je 100 Gramm Mehl. Da die Eier jedoch unterschiedlich groß ausfallen, das Mehl je nach Witterung und Luftfeuchtigkeit unterschiedlich viel Flüssigkeit aufnehmen kann, sollten Sie zunächst nur 3 Eier für 400 Gramm Mehl verwenden. Das vierte Ei verquirlen und je

nach Konsistenz des Nudelteigs ganz oder nur teilweise hinzufügen.
Durch die Zugabe von 1–2 Eßlöffeln Olivenöl wird der Teig schön elastisch.

Pasta senza uova
Nudelteig ohne Eier

Zutaten:
500 g Mehl, handwarmes Wasser, 1 Prise Salz

Mehl und Salz vermischen. Eßlöffelweise Wasser hinzufügen, bis ein ebenmäßiger Teig entsteht. Den Teig notfalls mit einem Eiweiß binden.
Den Teig wie oben beschrieben ausrollen.
Falls Sie dicke Fadennudeln wie die Bigoli aus Venetien oder Umbricelli aus Umbrien zubereiten wollen, kleine Teigportionen abtrennen und mit den Fingern der flachen Hand zu Schnüren oder dicken Spaghetti rollen.

Besciamella
Béchamelsauce

Zutaten:
1 l Milch, 50 g Butter, 50 g Mehl, frisch geriebener Muskat, Salz und Pfeffer

Die Milch zum Kochen bringen. In der Zwischenzeit aus Butter und Mehl eine helle Mehlschwitze bereiten. Die kochende Milch langsam hinzugießen und kräftig umrühren, damit sich keine Klümpchen bilden. Eine Prise geriebenen Muskat sowie Salz und Pfeffer hinzufügen. Die Sauce unter ständigem Rühren einmal aufkochen lassen, dann nach Rezept verwenden.

Variation: Eine feine, in der italienischen Alltagsküche aber nur selten verwendete Version der Béchamelsauce wird mit einem Zusatz flüssiger Sahne gemacht. Dazu Béchamel wie oben beschrieben zubereiten, vom Herd nehmen und anschließend 200 Gramm flüssige Sahne unterrühren.

Brodo vegetale
Gemüsebrühe

Zutaten:
2 Kartoffeln (ca. 200 g), 2 mittelgroße Zwiebeln, 1 Selleriestengel oder 1 Stück Knollensellerie, 2 Mohrrüben, 2 Steckrüben (nach Wunsch), 2 Zucchini, 1 Tomate, gehäutet und entkernt, 1–2 EL Butter, Salz und Pfeffer

Das Gemüse putzen und nur grob zerkleinern.
Die Butter in einem Suppentopf zerlassen und das Gemüse darin andünsten. Mit reichlich Wasser auffüllen und zum Kochen bringen. Das Gemüse 1–1 1/2 Stunden auskochen.
Die Gemüsebrühe durch ein Sieb gießen. Das aufgefangene Gemüse auspressen und dann wegwerfen. Die Brühe mit Salz und Pfeffer abschmecken und nach Rezept verwenden.

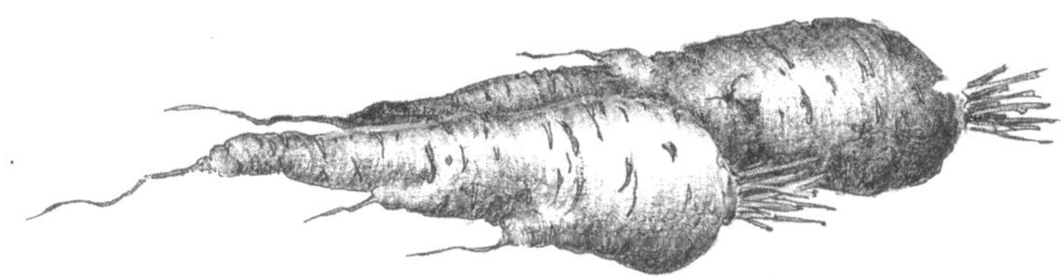

Pasta frolla salata
Salziger Mürbeteig für Gemüsekuchen

Zutaten:
250 g Mehl, 1 Prise Salz, 120 g zimmerweiche Butterflöckchen, 1 Eigelb, 4 EL Gemüsebrühe

Das Mehl in eine Schüssel sieben und salzen. Die Butterflöckchen und das Eigelb hinzufügen. Rasch zu einer krümeligen Masse verarbeiten. Die Gemüsebrühe darüber träufeln und den Teig damit binden. Den Teig zu einer Kugel rollen, in Klarsichtfolie schlagen und vor dem Weiterverwenden mindestes 30 Minuten im Kühlschrank ruhen lassen.

Frittata
Frittata

Frittata ist die italienische Version eines Omeletts. Hier werden jedoch die Eier nicht separat gebacken und dann gefüllt, sondern gleich zusammen mit den übrigen Zutaten gegart. Diese schmackhaften »Eierkuchen« lassen sich mit allen nur erdenklichen Zutaten, mit buntem Gemüse, Käse und Schinken oder gar Spaghetti zubereiten und schmecken daher immer wieder anders.
Frittata ergibt mit einem Blattsalat als Beilage ein leichtes Mittagessen oder kann in schmale Portionen geschnitten kalt als Antipasto serviert werden.

Füllung nach Rezept (s. u.), 6–8 Eier, Salz und Pfeffer, 2 EL Olivenöl

Die Füllung nach Rezept vorbereiten.
Die Eier in einer großen Schüssel verquirlen, salzen und pfeffern.
Die Füllung unterheben.
Die Frittata nun entweder auf dem Herd oder im Backofen braten:
Die klassische italienische Frittata wird auf der Herdplatte ge-

backen. Dafür brauchen Sie allerdings viel Übung, damit die Frittata beim Wenden nicht zerfällt, oder eine Spezialpfanne, bei der Boden und Deckel auf der Herdplatte stehen können.
Das Olivenöl in einer Pfanne sehr heiß werden lassen. Die Eimasse hineingießen und setzen lassen. Sobald die Eier fest werden und am Boden durchgebacken sind, die Frittata in einem Stück (!) wenden und auch die andere Seite goldbraun backen.
Nicht ganz authentisch, aber etwas einfacher ist es, die Frittata im Backofen zu garen. Dazu den Ofen auf 180–190 Grad vorheizen. Olivenöl in einer ofenfesten Pfanne oder Auflaufform erhitzen. Die Eimasse ins sehr heiße Öl gießen, damit sie sich sofort setzen kann. Etwa 2 Minuten auf dem Herd anbraten, bis die Ränder beginnen, fest zu werden. Die Pfanne dann ins heiße Rohr schieben. Die Frittata 30–45 Minuten goldbraun backen.
Frittata heiß oder temperiert servieren.

Tip: Wenn Sie improvisieren wollen, eine Zwiebel grob hacken und in Olivenöl weich dünsten. Vom Herd nehmen und mit frischem Gemüse (z. B. Tomatenwürfel, frische Bohnen, Erbsen oder gekochte Kartoffeln) vermischen. Das Gemüse sowie 4 Eßlöffel geriebenen Käse (Parmesan, Greyerzer) unter die Eier rühren.

Register

Suppen und Eintöpfe

Nudelgerichte

Für den normalen Hunger

Beilagen

Süßes

Grundrezepte